今さら聞けない！

自治体係長の法知識

郡山市職員
阿部のり子 著

〈執筆協力〉
弁護士　　　　弁護士　　　　弁護士
西沢桂子　長谷川啓　渡邊純

JN039403

学陽書房

はじめに

　日本には、どのぐらいの数の法律が存在するかご存じですか？　現在、日本には約 2000 の法律があります。また、その 2000 の法律のそれぞれに、数十、数百の条文が定められています。自治体法務に必要な法律知識は、法律全体からみれば一部ですが、それでも私たちが仕事をするうえでは、多くの法律の問題に直面し、特に法律を読むことに不慣れな時期は、戸惑うことも多いでしょう。

　法務は、苦手……という方は少なくないですし、法務なんて知らなくても仕事はできる、うちの上司も法務なんて知らないよ、なんて声を聞くこともあります。かくいう私も、公務員になって 4 年目くらいに法務を学び始めたのですが、わからないことばかりで、「もういいや」と投げ出したくなったこともありました。そのうえ、当時は子どもが小さく、外部研修に参加することもままならず、自学しようにも、仕事が終わってからは、家事や育児に追われる日々を過ごしていました。

　しかし、どんな環境であっても、私たち公務員にとって法務は、触れない日など一日もないほど、とても身近なものです。

　たとえば、私たちの任用は、地方公務員法によって行われていますし、すべての事務の基本は、地方自治法です。そして、税、環境、道路、福祉など分野ごとの個別法もあり、さらに、民法などの一般法も適用されますから、日々、法律をもとに仕事をしていることになります。つまり、私たちの仕事はすべて、法務であると言っても過言ではありません。それなのに、法務を知らずに漫然と仕事をするのは、教習所にも行かずに、いきなり道路で車を運転するようなもので、とても危険です。そんな危険運転で、もし事故を起こしてしまったら、事情によっては、公務員個人が賠償責任を問われてしまうリスクもありますから、私たち自身に実害が起きてしまう可能性さえもあります。

　トラブルに巻き込まれないためにも、まずは、基礎的な法知識を身につけて、安心して働くことができるようにしたいものです。

また、係長職になると、例規改正や契約事務のチェックをはじめ、クレームの二次対応など、係員のときとは職務や求められるスキルも違ってきます。

　そこで、そうした職務の変化に不安なく適応できるよう、いろんな場面で役に立つ法知識をまとめてみました。業務においても若い頃と違って、「知っていて当たり前の知識」のレベルも高度なものを求められるようになりますが、まずは本書で基本を固めることで、日々の仕事に自信をもって取り組むことができるようになります。

　私も法務の基礎を学んだおかげで、今は、仕事上、法務にまつわるトラブルに巻き込まれることなく働くことができるようになり、部下からも「係長がいると、安心感が半端ない」と言ってもらえるようになりました。皆さんにも、本書を通して、法務の基礎と実践に役立つ法知識を得ていただき、法務に対する苦手意識を克服していただければ嬉しいです。

　私は、2014年に誰でも気軽に法務を学べるようお昼休みの自主勉強会「法務 de ランチ」の活動を始めたのですが、本書では、「法務 de ランチ」で講師を務める弁護士3人の協力のもと、法律一般に共通する学び方、読み方のポイントや、法律を読むに当たって覚えておくべき法律用語の解説などを盛り込んだほか、応用知識を養うために書籍上で「法務 de ランチ」を開催しています。どこから読んでもいいような構成にしてありますので、スキマ時間に、気になるところから読み進めてみてください。

　皆さんの職場でも「法務 de ランチ」を開催し、ともに学んでいただければ幸いです。

2023年3月
阿部のり子

目 次

1章

法務が苦手でも大丈夫！
自治体法知識のきほん

2章

その悩み、解決します！
場面別法務活用のコツ

3章

判断力を身につける!
対話でわかる自治体法知識

1章

法務が苦手でも大丈夫！

自治体法知識の
きほん

1-1 そもそも法務って？ 法体系の基本を理解しよう！

👉 法務の基本

　法務を学ぶことは、法律を暗記することではありません。本書の共著者は、全員が弁護士経験のある法曹有資格者ですが、法律を丸暗記して司法試験に合格しているわけではないのです。大切なのは、さまざまな法律や事例を通して、**法的なものの見方を学ぶこと**です。法的なものの見方を、「リーガルセンス」と呼びます。このリーガルセンスが磨かれていくと、はじめて出会った法律でも、「きっと、こんな構成や内容になっているだろう」と予測できるようになり、答えを外すことがあまりなくなります。そしてリーガルセンスは、いつでも磨き始めることができるので、「実はよくわかっていないまま、ここまで来てしまった」という読者の方でも、今からでも決して遅くはありません。まずは、基本を通して法務の感覚を掴んでいきましょう。

👉 法体系の基本

　はじめに法体系の基本を押さえましょう。法令には、成文法と不文法があります。成文法は、規定形式となっている法、不文法は、慣習法や判例法など、規定形式となっていない法です。

憲法

　成文法の頂点は**「憲法」**です。日本という国が国民に対して約束し

た最高法規です。98条1項には、すべての法律は憲法の定めに従った内容でなければ効力を有しないと明記されています。

法律

　次に「**法律**」です。法律は、立法機関である国会で成立したものです。国民に対し、権利を制限したり、義務付けを行ったりする場合は、必ず法律によらなければなりません。

政令

　次に「**政令**」です。法律を施行するための手続など、法律に書ききれないような細かなことを定めるもので、内閣が決定します。もちろん、内閣が勝手に政令を定めるのではなく、政令で定める事項については、法律の委任が必要です。法律より詳細に定める必要があるものについては、「〇〇については、政令で定める」旨の規定があります。

省令

　次に「**省令**」です。省令は、政令よりさらに細かなことを定めるもので、その事柄を担当する大臣が定めます。細かな基準などは、大臣が定めることで、機動的に見直すことができるという特徴があります。もちろん大臣だからといって何でも勝手に決められるわけではなく、省令についても、法律または政令に「〇〇については、〇〇大臣が別に定める」旨の委任規定があります。その委任規定があるからこそ、私たちは、法律・政令・省令に基づく事務を行わなくてはなりません。

👍「通知」の拘束力？

　このように、内容の重要度に応じて、成立に関与する組織が異なった決定過程だからこそ、上位法の範囲内でなければならないということも当然だと理解できるのではないでしょうか。

　また、多くの法改正や政省令の改正では、その改正の趣旨やその解釈などを示すため、同時に省庁から**通知**が出されることがあります。これは、地方自治法245条に基づく「技術的助言」として位置付けられており、私たちが事務を執行するうえで参考にするものです。逆

に言えば、**通知には法的拘束力はないので**、自治体は必ずしも従う必要はないものといえます。

　しかし、皆さんの**上司の中に、「国の通達には従わなければならない」という方はいませんか？**　実は、地方分権改革以前は、地方自治体は国の下部機関として位置付けられ、さまざまな業務に関して「通達」が発出され、従わなければならなかったのです。その頃を知っている職員の中には、いまだに「通達」という言葉を用いて、従わなければならないものと考えている人もいるのです。また、国のほうでも、通知を出せば、地方は従わなければならないと考えている人もいました。

　しかし、地方分権改革で、国と地方は対等・協力の関係とされましたから、現在は、国が地方に何らかの義務付けを行う場合は、法律に根拠がなければなりません。したがって、**通知が発出されただけで従わなければならないというのは間違い**です。

　実際に、「ふるさと納税」制度では、法律に規定されていることのほか、さまざまな通知が発出され、その内容が法律で定める内容を超えて出されていたものがあります。多くの自治体は国の通知通りに事務を見直しましたが、通知には法的拘束力はないと真正面から対決した地方自治体がありました。多くの方がご存じかと思いますが、泉佐野市のふるさと納税事件です。返礼品の割合については、法律上の制限はなく、後から通知が発出されていました。それに従わない地方自治体は、ふるさと納税の制度から外されるという事態になり、泉佐野市は総務省所管の国と地方の係争処理委員会を経て、ついに裁判に踏み切り、最高裁まで争いました。そして**最高裁では、法律に拠らない義務付けは不適切であると判断され、地方自治体に軍配が上がっています。**（最高判令和2年6月30日）

　また、地方分権においては、ナショナルマキシマム（国による最大限規制）からローカルオプティマム（地域ごとの最適化）に舵がきられ、地域の実情に応じた合理的かつ効果的な対応を可能とする見直しがなされています。

👉 条例制定権

また、国の法律、政令、省令と同じように、地方自治体では、**条例と規則、訓令**などがあります。条例制定権は、憲法によって保障された権限で、具体的には次のように規定されています。

> **憲法94条** 地方公共団体は、その財産を管理し、事務を処理し、及び行政を執行する権能を有し、法律の範囲内で条例を制定することができる。

そして、地方自治法にも次のように規定があります。

> **地方自治法14条1項** 地方公共団体は、法令に違反しない限りにおいて、第2条第2項の事務に関し、条例を制定することができる。

> **地方自治法96条1項** 普通地方公共団体の議会は、次に掲げる事件を議決しなければならない。
> 一 条例を設け又は改廃すること。
> 〔2号以下略〕

つまり地方公共団体の条例は、法令の範囲内で議会の議決を経て定めるもので、住民に対する義務付けなど、重要な事項を定める場合は、条例によらなければなりません。逆に言えば、**議会を経て定めるからこそ、使用料の支払いやなんらかの行為の制限など住民への義務付けが可能となる**ともいえます。一方、規則や訓令は、自治体の長が単独で定めることができるもので、法と政省令のように、条例事項よりも細かな事柄を定めるものとなっており、規則には条例を補うものとして細かな手続や申請様式などが定められています。

さらに、内部の事務手続などについては、要綱あるいは要領として定める場合もあります。要綱・要領は制定権者の指揮命令系統の及ぶ範囲のみ有効ですが、別途契約を結ぶことで、委託事業者などに対して効果をもたせることもあります。

1-2 W主任の悲劇
法務を知らないとどうなる？

👉 法務を知らない場合に待ち構える落とし穴

　法務を知っていると仕事が楽になるとお伝えしたところですが、逆に知らないとどうなってしまうのか、W主任の例をみてみましょう。

　W主任は、税証明発行システムの担当をしています。DV被害者の発行抑止されるべき証明書が誤って発行されてしまったことを受け、システム改修をすることとなりました。具体的には、DV加害者からの発行を防ぐべき発行抑止対象者については、画面展開時に一目瞭然でわかるよう背景が赤く点灯し、参照職員に注意を喚起するという画面表示の改修です。法務が苦手なW主任は、一から書類を作成することができず、**他市の契約事例を参考に仕様書や契約書を作成して、発注**しました。しかし、改修作業を終えて検査すると、DV発行抑止対象者だけでなく、**発行抑止の必要のない世帯全員が赤く点灯するようになっている**とわかりました。ここからは、W主任と業者、上司とのやりとりでみていきましょう。

W主任　DV発行抑止対象者以外も赤く点灯したのでは、結局、誰が発行抑止なのか注意喚起となりません。抑止対象外の人が赤く点灯しないように、修正してください。

業者　仕様書では、**発行抑止対象となる世帯を赤く点灯させる**とだけあります。発注通りですから修正はできません。

W主任　それは、DVで避難している母子のみの世帯をイメージして記載しており、世帯全員が発行抑止対象となる場合を指しています。ですから、**発行抑止対象外の祖父母と同世帯という場合は、特に想定していなかったんです。**

業者 想定していなかったのなら、受注した際の前提条件が変更となるので、改めて発注していただくか、変更契約を結んでいただければ対応します。なお、有償対応となります。

W主任 そ、そうですか。他の自治体が作成した仕様書を参考に作ったのですが、その自治体では問題なく改修できたそうです。なんとかなりませんか？

業者 同居祖父母も赤く点滅していますが、発行抑止対象となる母子も赤く点灯していますから、**仕様書で示された目的は達成されております**。こちらとしては仕様書に書いてあることを満たしていると考えていますので、無償の改修には応じられません。まずは、業務を完了しましたので、委託料のお支払いをお願いします。

W主任 わかりました。上司と相談するので、お時間ください。

W主任 課長、スミマセン。仕様書の記載が不十分だったから、修正は有償の変更契約が必要とのことでした。

課長 そうか、仕方ないね。決裁するとき、仕様書をチェックしなかった私も悪いし、委託料の執行残もあるから、変更契約を結ぶしかないだろうね。見積はどれくらいなの？

W主任 当初発注額の30％程度とのことです。

課長 なんとか予算の範囲内に収まるから、改修してもらおう。変更契約の理由は立つかな？

W主任 最初の発注時の仕様書が不十分だったというわけにもいかないですし、工数の変更などを理由にするしかないと思いますが、いかがでしょう？

課長 いいね、その線でいこう！

一見、問題を解決したかに見えた W 主任と課長のやりとりですが、外部監査人による包括外部監査で、契約方法が不適切であり、不要な委託料を支払っていると指摘を受けてしまいました。

W 主任　課長、外部監査の指摘となってしまったので、措置報告をあげなければなりません。どうしましょう？

課長　どうするも何も、W 主任が担当としてやったことなんだから自分で考えてもってきなさいよ。

W 主任　……。

👉 法務を知っている場合の切り抜け方

　一方、法知識のある A 主任の場合は、悲劇にはなりません。まず、仕様書や契約書の作成に苦手意識がありませんから、他自治体からのツギハギなどせずとも一から自分で作成することができます。仕様書には、具体的にどのような場合に赤く点灯させるかを細かく記載し、仕様書の想定事例に合致しないパターンについては、その**都度、監督員の指示を受けるように明記**しました。また、契約書についても、他市の契約書は参考としながらも、**1 条 1 条をしっかりと検討して契約書を作成**しました。自分で作成した仕様書や契約書なので、内容を十分に理解しており、業者との協議も W 主任とはだいぶ違うようです。それでは、早速、やりとりをみてみましょう。

A 主任　DV 発行抑止対象者以外が赤く点灯するのでは、発注した仕様を満たしていませんので、委託料をお支払いすることができません。

業者　え！　どういうことですか？

A 主任　仕様書には、世帯内に発行抑止対象者以外がいる場合は、**その表示方法について、監督員の指示を受けること**と明記してあり

ます。ですから、開発途中の段階で、そうした対象がいれば、契約書第 22 条の規定に基づき、指示を求めていただくか、あるいは、第 24 条の規定に基づき、疑義として協議していただく必要があります。

業者 確かに仕様書にも契約書にもそのように書いてありましたね。こちらの確認ミスです。すぐに修正しますので、納期の延長をお願いできないでしょうか？

A 主任 納期の延長は、契約の変更が必要となりますので、上司に確認してから、お返事させてください。納期の延長は、どの程度必要でしょうか？

業者 ありがとうございます。正確にはシステムエンジニアと相談のうえでとなりますが、3 週間ほど延長していただければ、終わらせることができると思います。

A 主任 わかりました。年内には完了できますね。上司に相談してみます。変更契約締結に要する費用は、すべて御社負担となります。

業者 スミマセンが、よろしくお願いいたします。

　さて、W 主任と A 主任では、全く異なる結論になりましたね。契約事務ひとつをとっても、法知識があり、自分できちんと考えて仕様書を作成できると、W 主任のようなトラブルを回避し、適切に業務を遂行できることになります。ちなみに A 主任が委託料の支払いを拒んでいますが、**仕様を満たしていない状態を「債務不履行」（民法415 条）といい、支払いを拒む根拠を「同時履行の抗弁権」（民法533 条）**といいます。他市の仕様書をもらってそのままコピーするというのは、仕事が早くできて近道のように見えますが、契約の相手方との関係性や業務指示の方法など書類上では見えない要素で成り立っている部分もあるので、とても危険です。皆さんも A 主任のようにしっかりした契約事務をなさってくださいね。

1-3 法律が苦手でも大丈夫！4つの苦手意識克服法

👉 苦手意識は誰にでもある

　法律を調べたり学んだりするのに、苦手意識をもつ理由はさまざまあると思います。**①そもそも法律用語が難解、②文言が抽象的で何を言っているかわからない、③条文の構造が複雑、④条文の表現からは読み取れないような解釈がなされることがある**……など、枚挙に暇がありませんよね。安心してください、それは、**みんな同じ**なのです。

　司法試験に合格して弁護士になった人でさえも、大学の法学部に入学し、講義を聞いたり教科書を読んだりし始めたころは、ほとんど理解できず、同じ日本語なのに外国語を聞いたり読んだりしているような感覚だったといいますから、私たちが苦手意識をもつのは自然なことです。しかし、この本を手に取ってくださったからには、なんとか克服したいところでしょう。そこで、この4つの苦手意識の解決策を、それぞれご提案します。

① 難解な法律用語→はじめて学ぶ外国語と同じように

　はじめて外国語に触れたときのことを思い出してください。たとえば、日本語の吹き替えや字幕なしで外国の映画やドラマを観ると、はじめは、何を言っているのか全くわからなかったとしても、少しずつ断片的に聞き取れる部分が出てきたり、前後の文脈から理解できることが多くなったりするものです。

　法令の条文なども、外国語と同様に考えた方がよいでしょう。日本語なので「読めば意味は理解できるはず」と思い込んでしまいますが、**法律用語は、私たちが日常生活の中で使う言葉とは全く違う意味をもっていることが多いのです。**

たとえば、民法などでよく出てくる「善意」「悪意」という言葉があります。日常生活の中では、「善意」とは、（倫理的な意味で）善い意思という意味で使われますが、法律用語としての「善意」は「ある事実を知らないこと」、「悪意」はこれとは逆に「ある事実を知っていること」を意味する言葉です。

　外国語を学ぶときには辞典を使うと思いますが、法律について学ぶ際も同じように、法律用語辞典を傍らに置くと便利です。

② 抽象的な文言→条文の適用される事例を念頭に

　法令の条文は、多かれ少なかれ抽象的であることが普通です。それは、**法令が特定の人や特定の事案にだけ適用されることを前提としたのでは「狙い撃ち」になり、公平に反する**からです（このような意味で、憲法41条の「立法」とは、「一般的・抽象的法規範の制定」と理解されています）。

　とはいえ、抽象的な条文も、当然ながら、その適用される場面や事例が想定されています。そうした具体的な場面や事例を頭に入れておくと、イメージしやすくなります。

　たとえば、消費者保護のための法律である特定商取引に関する法律の中に「連鎖販売取引」（同法33条）というものがあります。条文をただ読んだだけでは何のことかわかりませんが、具体的にはいわゆる「マルチ商法」「ネットワークビジネス」など、商品やサービスを買わせるために、「友達を誘って会員にすれば紹介料を差し上げます」などと言って次々に転売していく商法を指します。

　このようなことを具体的にイメージできるようになると、条文の内容を理解しやすくなるので、解説書を選ぶときは、具体的事例の説明が多いものを選ぶとよいでしょう。

③ 複雑な条文構造→条文構造がわかれば素早く読める！

　主要な法律の多くは、条文が多いため、章が設けられ、テーマごとに条文が並べられています。学びたい条文がどの章にあるか、その章

の中で、他の条文との配置の順序などを考えると、条文の内容を理解しやすくなります。

　また一般的には、その法律における重要な概念の定義は最初の章（総則など）、義務違反に対する罰則等は法律の最後のほうの章に規定されていることが多いです。そうしたことを頭に入れておくと、目当ての条文を探しやすくなります。詳しくは、２−１「はじめて担当する仕事で悩んだら」でも解説しているので、参照してください。

④ 解釈が乖離？　一見条文とは関係なさそうで実は重要な概念も

　法律を学ぶうえで、戸惑ってしまうのは、条文には全く関係ない概念を知らなければならないというものがあります。

　少し難しい話になりますが、例えば、刑法を学ぶためには、最初に「行為無価値」と「結果無価値」という概念が説明されるそうです。しかし、これらの単語は、刑法の条文には、どこにも書いていません。これらの概念は、違法性の本質を何に求めるかという法哲学的な対立概念のことで、大雑把に言えば、「行為無価値」の立場は、「行為が法規範に違反している」という点に違法性の本質があるとし、逆に「結果無価値」の立場は、「客観的に法益（法が保護する利益、たとえば人の生命）の侵害やその危険をもたらした」という点に違法性の本質があると考えます。この考え方の対立は、刑法のさまざまな問題に関係し、実際の条文解釈や説明の仕方の違いをもたらすので、最初に学ぶ必要があるのです。

　このように、法律の専門的な解説書を読むときには、条文とは直接に関係ない基本概念の解説が出てくることがありますが、その場合には、わからなくてもそのまま受け止めてみて、先を読み進めてみましょう。その後また同じ概念が出てきたときや読み終えた後に、調べてみると、理解が深まるかもしれません。

👉「法律学習に近道はなし」とは言うけれど……

　「法律学習に近道はなし」という言葉を聞いたことがあるでしょうか？「条文にない概念が突如現れたりして遠回りに見えても、少しずつ理解していくしかない、概念の理解が進めば、条文の内容や解釈もきちんと身についていく」というような意味だと理解していますが、はじめから、すべてを理解しようとすると、うまくいかずに勉強する気が失せてしまうということにもなりかねません。

　ですから、わからないなりにも、諦めずに読んだり聞いたりし続けることが大切で、そのうちに、「あ、こういうことだったのか」と理解できる瞬間が必ず訪れます。そのためには、わからないことを聞いたり、議論し、学び合ったりできる同僚や友人をつくることは、理解するうえで大きな助けになります。

　つまり、「近道なし」とは言っても、いたずらに遠回りをしたり、立ち止まったり、嫌になって歩くのをやめたりするのはもったいないことです。この項に挙げたことを意識するだけでも、道は開けていくのではないかと思います。

　せっかく、本書を手にとってくれたのですから、自分で「法務 de ランチ」を企画して、ファシリテーターを担当してみてはどうでしょう。誰かに教えてもらうより、人に教えるほうが、多くの気づきを与えてくれます。自分が何について理解していないかに気づくことは、より深い理解への入り口です。私自身も、自分がいかに理解していないかに気づいて学びなおすことがたくさんあって、新しい扉を開くようにワクワクしています。

読み方のコツ①
法律の読み方&今さら聞けない法律用語

👉 法律の全体像を理解しよう!

　ある法律について学ぶ場合にオススメしたいのが、**その法律を扱った基本書を通して読んでみる**ことです。法律は、法律の目的があり、その目的を達成するための手段が一つひとつの条文として定められています。また、その手段としての条文も、それぞれの役割があります。これは、役所にさまざまな部署が置かれているのと同じです。**ある問題について、どの部署が担当すべきかを理解するのと同じように、法律の条文の役割分担を理解することは重要なこと**です。

　そして、法律の目的、目的のための手段である条文とその役割を学ぶ、つまり法律の全体像を把握するためには、基本書を通読することがひとつの方法です。全体像の把握が目的なので、最初は薄めの基本書でも構いません。読んでみて物足りなければ、より専門的な基本書を読んだり、別の著者の基本書を読んでみても良いと思います。意識してほしいのは、**その法律の全体像のイメージを掴むこと**です。

👉 言葉の定義は「総則」を確認!

　法律の条文を読む際、わからない単語が出てきたら、法律用語辞典を引いてみたり、インターネットで調べてみたりすることもひとつです。一方で、法律によっては、法律の冒頭に「**定義規定**」があります。

　たとえば行政手続法においては、第2条に定義規定があり、行政手続法の条文の中に登場する単語の意味が説明されています。

> （定義）
> 第2条　この法律において、次の各号に掲げる用語の意義は、当該各号に定めるところによる。
> 　一　法令　法律、法律に基づく命令（告示を含む。）、条例及び地方公共団体の執行機関の規則（規定を含む。以下「規則」という。）をいう。
> 　二　（以下略）

　条文の中でわからない単語がある場合には、定義規定が存在しないか法律の冒頭の条文を確認してみましょう。

👆 今さら聞けない法律用語

　条文には、一般的な使い方とは異なるような用語や、法律の中に定義規定がない用語もあります。最低限覚えておくべき法律用語を、使い分けに留意しつつ学んでみましょう。

「及び」「並びに」

　2つ以上の単語を併合的につなぐときに用いる**併合的接続詞**（「**and**」）です。法令用語としては、**単純な併合的接続詞の場合は「及び」**を用います。**併合的接続が二段階以上になる場合、小さい接続には「及び」、大きな接続には「並びに」**を用います。併合的接続が3つ以上並ぶ場合は、併合的接続詞は一番後ろの単語の前に置きます。

　　例）「今日の朝食は、ご飯、みそ汁並びに大根及び茄子の漬物だった。」

「又は」「若しくは」

　2つ以上の単語を選択的につなぐときに用いられる**選択的接続詞**（「**or**」）です。法令用語としては、**単純な選択的接続詞の場合、「又は」**を用います。**選択的接続が二段階以上になる場合、小さい接続には「若しくは」、大きい接続には「又は」**が用いられます。※「及び」「並びに」

との違いに注意する！

　例）「ランチのドリンクは、コーヒーのホット若しくはアイス又は
　　　オレンジジュースの中から選べる。」

「〜の場合」「〜のとき」

　仮定的条件を表す言葉であり、**複数の仮定が重なる場合、最初の大
きな条件を「場合」で表し、次の小さな条件を「とき」で表します。**

　※「〜の時」を使う場合、特定の時点または時間を示すために用いる。「〜のとき」
　　との違いに注意する！

　例）「夕食がカレーの場合、具に牛肉があるときはおかわりする。」

「以上」「〜を超える」、「以下」「未満」

　**「以上」「〜を超える」は、一定の数量よりも多い数量を指す際に、「以
下」「未満」は、一定の数量よりも小さい数量を指す**際に用いるもの
です。基準点の数量を含む場合、「以上」・「以下」を用い、基準点の
数量を含まない場合、「〜を超える」・「未満」を用います。

　例）「本日のイベントは、3歳以下のお子様は入場いただけません。」
　　　→3歳を含むので3歳の子どもは入場できない。
　　　「このアトラクションは、身長135センチメートル未満の方は
　　　利用できません。」→身長135センチメートルを含まないので
　　　身長135センチメートルの人は利用できる。

「ないし（乃至）」

　たとえば「AないしD」と使用する場合、「AからDまで」と同じ
意味となります。※話し言葉では「AまたはD」という意味もあるが、法律用語は
用法が異なるので注意する！

　例）「今日は、『3のA』ないし『3のD』のクラスの合同授業だ。」
　　　→この場合、下線部分は『3のA』『3のB』『3のC』『3のD』
　　　を指すことになる。

「適用する」「準用する」

　「適用する」は、**ある条文をそのまま特定の場面などに当てはめる**場合に使います。「準用する」は、**ある条文を、本来の適用対象ではない、類似の場面などに対して読み替えて当てはめる**場合に使います。

　　例）「代理人がその権限内において本人のためにすることを示してした意思表示は、本人に対して直接にその効力を生ずる。」（民法 99 条 1 項）

　　　　「前項の規定は、第三者が代理人に対してした意思表示について準用する。」（民法 99 条 2 項）

　　※「準用」と似たものとして「類推解釈」という法律用語がある。「類推解釈」は、本来の適用対象ではない場面や事柄に対してある条文を当てはめる点が「準用」と共通するが、「準用」が明文で規定されたものであるのに対し、類推解釈は、「準用」規定がない場合に、解釈によって特定の条文を当てはめるものである点で異なる。

「みなす（看做す）」「推定する」

　「みなす」とは、**本来異なる事柄・物事を、一定の法律関係につき同一のものとして扱う**ことです。「推定する」とは、**ある事柄について、反対の証明がない限り、法令が「一応こうであろう」という判断を下すこと**をいいます。反対の証明により推定が覆る余地がある点が「みなす」と異なります。

　　例）「未成年者が婚姻をしたときは、これによって成年に達したものとみなす。」（旧民法 753 条〔現行民法では削除〕）

　　例）「前後の両時点において占有をした証拠があるときは、占有はその間継続したものと推定する。」（民法 186 条 2 項）

　　　　「妻が婚姻中に懐胎した子は、夫の子と推定する。」（民法 772 条 1 項）

「善意（無過失）」「悪意」

　「善意」とは、ある事実について知らないこと、「悪意」とは、ある事実について知っていることを意味し、日常的な使い方とは異なります。「善意無過失」という場合には、ある事実を知らず、かつ、知ら

ないことについて過失（落ち度）が存在しないことを意味します。

　例）「十年間、所有の意思をもって、平穏に、かつ、公然と他人の
　　　物を占有した者は、その占有の開始の時に、善意であり、かつ、
　　　過失がなかったときは、その所有権を取得する。」（民法 162
　　　条 2 項）→ここでいう「善意」とは、「自分が占有している物
　　　が自分の所有でないことを知らない」ことを意味する。

「法人」「自然人」

　「法人」とは、**一定の目的の下に結合した人の集団や財産であって、法律上、権利義務をもつ人格を与えられたもの**です（民法 33 条 1 項）。株式会社や有限会社などが、会社として契約をしたり税金を納めたりするのは、法人として権利義務をもつことが認められているためです。「自然人」とは、**法人に対する概念で、権利義務をもつことが認められた社会的実在としてのひとりひとりの人間のこと**をいいます。

　例）「法人は、この法律その他の法律の規定によらなければ、成立
　　　しない。」（民法 33 条 1 項）

「不動産」「動産」

　「不動産」とは、**「土地及びその定着物」のこと**をいいます（民法 86 条 1 項）。土地の定着物とは、建物や樹木、塀など、土地に付着して容易には分離できないもの、「動産」とは、不動産以外の物のことをいいます（同条 2 項）。

「債権」「債務」

　「債権」とは、**契約等の原因によって発生する、特定の者が特定の者（義務者）に対し、一定の給付（金銭の支払い、物の引き渡しなど）を請求する権利のこと**です。「債務」とは、債権に対する概念で、**一定の権利者に対して、一定の給付を行う義務のこと**をいいます。たとえば、売買契約を締結した場合、買主は買った物（目的物）を引き渡せと請求する債権が発生し、売主は目的物を買主に引き渡す債務が発

生します。また、売主には代金を支払えと買主に請求する債権が発生し、買主は売主に代金を支払う債務が発生します。

「無効」「取消し」

「無効」とは、**ある法律行為について、はじめから当然に効力を有しないこと**をいいます。「取消し」とは、**ある法律行為について、特定の者（取消権者）の主張によって遡ってその効力を失わせること**をいいます。無効の場合ははじめから当然に効力を有しないのに対し、取消しの場合は、取消権者の意思表示が必要な点が異なります。

> 例）「公の秩序又は善良の風俗に反する法律行為は、無効とする。」（民法 90 条）
> 例）「詐欺又は強迫による意思表示は、取り消すことができる。」（民法 96 条 1 項）

「解除」「解約」

「解除」とは、**有効に締結された契約を、契約の一方当事者の意思表示によって遡って消滅させること**です。「解約」とは、雇用契約、賃貸借契約のように、**継続的な契約関係について、契約の一方当事者の意思表示により、将来に向かって契約関係を消滅させること**です。

これらの違いは、**契約関係が遡って最初からなかったことになるの**か、**将来に向かって契約関係を消滅させる**のか、という点です。雇用契約や賃貸借契約のような継続的契約が契約当初に遡って消滅すると、それまで支払われた賃料や給与、既に行われた労働や賃貸借期間の扱いはどうなるのかなどの問題が発生するため、これらの継続的な契約関係は、将来に向かって契約関係が解消される、つまり「解約」となるのが通常です。

1-5 読み方のコツ② 原則と例外＆効力日の注意点

👉 法律の「原則」と「例外」

皆さんの普段の生活の中には、法律と同じようにさまざまなルールがあると思います。家庭内における家事の分担や食事の時間、勤務先における勤務時間・勤務場所などなど。そのルールには「例外」はありませんか？

あるルールをどのような場合においても貫こうとすると、必ずどこかで不都合が生じます。そのため、一定の場合には例外を設けてそのような不都合を解消する必要があります。法律の中にはさまざまなルールが定められていますが、その中には、多くの場合、**原則と例外**という関係が存在しています。法律を学ぶ上で、**原則がどのようなものであって、どのような場合が例外となるのか、という点を意識する**ことはとても重要です。

👉 本文とただし書

一つの条文の中に、原則と例外が定められている場合があります。実際の条文を見てみましょう。

> **民法5条1項**
> 　未成年者が法律行為をするには、その法定代理人の同意を得なければならない。ただし、単に権利を得、又は義務を免れる法律行為については、この限りでない。

この条文のうち、前段（「未成年者が～同意を得なければならない。」）を、民法5条1項**「本文」**、後段（「ただし、～この限りでない。」）

を民法5条1項「**ただし書**」と呼びます。

　それぞれ、「本文」が「未成年者の法律行為について、法定代理人の同意が必要である」という原則を、「ただし書」が「単に権利を得、又は義務を免れる行為については法定代理人の同意は不要」という例外を定めているという関係になっています。

👉 例外規定

　「本文」と「ただし書」は、同じ条文の中に原則と例外が定められているパターンですが、**原則を定めた条文とは別の条文に例外が定められているパターン**もあります。これについても実際の条文を見てみましょう。

> **民法 968 条**
> 1　自筆証書によって遺言をするには、遺言者が、その全文、日付及び氏名を自書し、これに印を押さなければならない。
> 2　前項の規定にかかわらず、自筆証書にこれと一体のものとして相続財産〔中略〕の全部又は一部の目録を添付する場合には、その目録については、自書することを要しない。〔後略〕

　これは、民法968条1項が、「自筆証書遺言（遺言者が自筆で作成する遺言書）を作成する際には、全文、日付及び氏名を自書しなければならない」という原則を、同条2項が「自筆証書遺言のうち、財産目録（被相続人の財産の内容について一覧にしたもの）については、パソコン等で作成したものやコピーでもよい」という例外を定めているという関係になっています。

　その他に、次のような原則、例外の定め方をした条文もあります。

> **民法 896 条**
> 　相続人は、相続開始の時から、被相続人の財産に属した一切の権利義務を承継する。ただし、被相続人の一身に専属したものは、この限りでない。

> **民法897条1項**
>
> 　系譜、祭具及び墳墓の所有権は、前条の規定にかかわらず、慣習に従って祖先の祭祀を主宰すべき者が承継する。ただし、被相続人の指定に従って祖先の祭祀を承継すべき者があるときは、その者が承継する。

　これは、民法896条が、相続人は「被相続人の一切の権利義務を承継する」という原則を、その次の条文である民法897条1項が「系譜、祭具及び墳墓（祖先の祭祀に必要な用具）の所有権は、被相続人の財産に属していても、相続人ではなく祭祀の承継者が承継する」という例外を定めているという関係になっています。

　このように、別々の条文の中に、原則とその例外が定められているパターンも存在しています。なお、例に挙げた民法896条と897条1項は、それぞれの条文に「ただし書」も存在するため、これだけ見ても、法律の中には、原則と例外の関係が多数存在することがわかるでしょう。

👉 「一般法」と「特別法」の関係

　次は、異なる法律間の原則と例外の関係について説明します。

　数ある法律の中で、**広い適用領域をもつ法を「一般法」、一般法に包摂される一部を適用領域とする法を「特別法」**といいます。

　民法と商法の例で考えてみましょう。民法は、取引一般を規制するもので、商法は、私人と商人との取引や商人間の取引を規制するものなので、民法が一般法、商法が特別法ということになります。ほかにも、民法と借地借家法の関係で考えた場合、民法は、地上権や賃貸借契約一般について定めるもので、借地借家法は、建物所有目的の地上権・土地賃貸借や建物の賃貸借について定めたものなので、民法が一般法、借地借家法が特別法ということになります。

　このように、複数の法律が一般法と特別法の関係となる場合、一般

法の規定と特別法の規定が重複して当てはまる場合が生じ得ます。この場合は、**基本的には特別法が優先的に適用される**こととなります。**一般法が原則的な法規制であるのに対し、その例外に当たるのが、適用領域を限定した特別法の法規制**であると考えてください。

　なお、これと関連して、「後法優先の原則」という考え方があります。これは、**ある場面において複数の法律が適用され得る場合、後法**（他方の法律より後に制定された法律）**が、前法**（他方の法律より前に制定された法律）**に優先して適用されるという原則**です。一般法・特別法の関係性とも抵触する場合、たとえば一般法が後法で、特別法が前法であるという場合には、後法優先の原則は妥当せず、特別法の前法が優先することとされています。

👍 「公布」と「施行」の効力日の注意点

　ここまでみてきた原則と例外の問題は、同時に存在する異なるルールのどちらが適用になるのか、という問題だということができます。一方で、法律が改正された場合に、**改正前の旧法と改正後の新法のどちらが適用されるのか**、という問題もあります。

　新たに法律が制定された場合、あるいは法律が改正された場合、まずはその法律を公表し、国民がその法文を知ることのできるようにする「**公布**」が行われます。新たな法律の効力は、公布の時点で発生するわけではなく、別途定められる「**施行**」の日に効力が発生することになります（公布と同時に施行される場合もあります）。

　「○○法改正」というニュースが流れたとしても、その時点でその法律が効力をもっているとは限りませんので、きちんと「**施行日**」を確認することが必要です。

　この効力の発生時期に関して注意すべき点としては、ある場面において、旧法が適用されるか、新法が適用されるかによって、その結果が異なる場合に、**新旧どちらの規定を適用するかという問題**です。たとえば、保証契約のうち、個人が不特定の貸金等の債務を保証する、「根

保証契約」については、令和2年4月1日に施行された改正民法によれば、書面にて極度額（保証人が負う責任の限度額）の定めをしなければ無効とされています（民法465条の2第2項）。これに対して、かつての民法では極度額の定めがなくとも根保証契約が無効とされることはありませんでした。したがって、たとえば、根保証契約が改正民法施行期日前に締結されたが、保証債務の履行を施行期日後に求められたという場合、**新旧どちらの規定が適用されるかは、契約の効力を左右する重要な問題**となります。

　これについては、「民法の一部を改正する法律」（平成29年法律44号）の附則に明確な定めがあり、「施行日前に締結された保証契約に係る保証債務については、なお従前の例による」とされています（附則21条1項）。つまり、改正民法施行期日前に根保証契約が締結されていれば、改正後の民法は適用されず、極度額を新たに定めなくとも、契約が無効になることはないということになります。

　このように、改正された法律の適用の基準時を定めるなどして、ルールの変更による混乱を防ぐために採られる措置を**「経過措置」**といいます。経過措置については、法律を改正する際に附則として公表されますので、改正された法律の適用関係が問題となる場合には、きちんと確認しておく必要があるでしょう。

2章

その悩み、解決します！

場面別法務活用の
コツ

信頼されるコツ
はじめて担当する仕事で悩んだら

👉 仕事のポイントをつかむコツ

　何度経験しても人事異動や担当替えには心理的負担が伴います。職員相手の内部事務なら釈明できますが、市民からみれば市役所の担当者、どんな仕事も「わかりません」という訳にはいきません。かと言って**「知ったかぶり」はもっと危険**です。

　そこで、はじめて仕事を担当することになったときに、仕事のポイントをつかんで相手に信頼されるコツをお伝えします。

① 根拠法令の1条を読み込んでみよう

　役所で処理する仕事の多くには、根拠となる法律があります。私は採用3年目のはじめての異動で、中核市移行に伴い設置された保健所総務課で、医療機関の許認可事務や医療監視といわれる指導業務を担当することになりました。課税部門からの異動で右も左もわからない私は、はじめに担当する「医療法」を読みました。**法律の1条には、その法律が達成しようとする目的が書かれており、自分が担当する業務が何のためにあるのかを理解する一番の近道**となります。許認可の根拠条文は必ず読むことと思いますが、一部だけ読んでも、全体の理解には至りません。ぜひ、1条から読んでみてください。

　実際に医療法1条には、「この法律は、【手段→】<u>医療を受ける者による医療に関する適切な選択を支援するために必要な事項、医療の安全を確保するために必要な事項、病院、診療所及び助産所の開設及び管理に関し必要な事項並びにこれらの施設の整備並びに医療提供施設相互間の機能の分担及び業務の連携を推進するために必要な事項を定めること</u>等により、【小目的→】医療を受ける者の利益の保護及び

良質かつ適切な医療を効率的に提供する体制の確保を図り、もつて【大目的→】国民の健康の保持に寄与することを目的とする。」と書かれています。

　これを読むと、自分の担当業務が、質の高い医療を提供できる体制を確保し市民の健康の保持に寄与するためにあり、その実現のための手段が規定されているのだなと理解できる訳です。

② 目次を通読して項目を洗い出してみよう

　次に行うのは、法律がどのようなことを規定しているのか全体を理解することです。そのために、私がいつもしているのは、**目次をビルに見立てて通読する**ことです。目次を読んでいくと、その法律が規定しているポイントや構成を知ることができます。

　医療法を例にみてみましょう。はじめに9章立てなので9階建てのビルに見立てます。入口のある1階には総則、2階には国民が医療を選択する際の支援に関する規定、3階には医療の安全に関する規定といった感じで、国民生活に身近な項目は低層階にあります。第4章には、病院や診療所に関する規定、第5章には、医療提供体制に関する規定、第6章、第7章には医療に係る法人に関する規定があり、このあたりが自分の職務に直接関係しそうだなということがつかめます。そして、第8章、第9章は雑則、罰則と市民生活には直接関係のない項目が高層階にあります。

医療法ビル
9階（第9章）罰則
8階（第8章）雑則
7階（第7章）地域医療連携推進法人
6階（第6章）医療法人
5階（第5章）医療提供体制の確保
4階（第4章）病院、診療所及び助産所
3階（第3章）医療の安全の確保
2階（第2章）医療に関する選択の支援等
1階（第1章）総則

　こうした構成を理解しておくことで、さっと条文を引けるようになり、その後の仕事が格段にやりやすくなります。ちなみに、このビルの構成ですが、市民課や福祉課のように市民に身近な課が低層階の便利な場所にある、実際の役所内の配置と似ています。

法律の目的や構成を把握できたら、仕事のポイントをつかむコツは、もう目の前です。大目的、小目的は、あなたの仕事の向かうべき道を指し示していて、そのための手段があなたの担当する業務ということになりますから、次に必要なことは、手段の部分を深く読み込んでいくことです。この時、法律と政令と省令を三段表になっているものを読み込むと、理解がしやすいのでオススメです。前述したように、法律だけでは詳細が規定されていませんから、対応する政令や省令の規定を同時に読むことで、規定の内容をしっかりと把握することができます。また、読んでいて大事だなと思った点は、どんどん印をつけましょう。マーカーで線をひいたり、付箋をたてたりしておくと、あとで読み返すときにもとても便利で、理解を深める助けになります。

👉 信頼されるコツ

　慣れない業務で市民や業者の方から質問を受けると、それだけでドキドキしてしまう方もいますよね。けれど、頼りない印象を与えてしまうとせっかくの努力が報われませんので、次の点に注意して、落ち着いて対応することが大切です。

① 根拠を示しながら説明しよう。

　「医療法施行規則〇条に〇〇と規定されていますから、〇〇の基準を満たす必要があります。」といったように法令の根拠規定を明示しながら説明すると、相手方が「この人は根拠を理解して説明しているんだな」と安心して聞いてくれるようになります。

　また、**根拠を示す際には、裁量がある部分とない部分を具体的に説明**しましょう。具体的には、「法〇条の許可は、施行規則〇条から〇条までの基準を満たしていないと許可をすることができません。この部分は、法律に決められているので、それを逸脱するものを許可できるような裁量は自治体にはないのです。」といった説明をします。あらかじめ、粘られても結論を変えることができないと理解してもらう

ことで、「なんとかならないのか！」というごり押しを未然に防ぐことができます。

　駅で、「新幹線代を安くしろ！」と値引き交渉する人がいないのは、いくら交渉しても結果が変わらないとわかっているからです。それと同じように**「できないこと」を相手に理解してもらう**ことが大切です。私自身は、債権回収の際の納付相談で、この説明を多用しています。おかげで、「なんとか延滞金を安くしてくれないか？」といったごり押しを受けることがなくなりましたので、ぜひ、試してみてください。

② わからないことは、きちんと調べてから答えよう。

　そんなの当たり前でしょ？　という声が聞こえてきそうですが、実はできていない人が多いと感じます。自分がわかる範囲だけで物事を捉えてしまい、間違った説明をする職員は少なくありません。そして、そう説明する根拠を尋ねると、皆さん一様に根拠のないままに「そう思っていた」と答えるのです。ここまでお読みいただいている皆さんは、もう「それじゃダメだよ」と気づいてくださっていると思いますが、大切なのは、**職員がどう思うかではなく、事実がどうなっているかということである**ことは言うまでもありませんよね。

　ですから、誰かに説明するためには、まず「自分がわかっていることとわからないこと」をきちんと把握し、説明できない部分をきちんと補っておく必要があるのです。日常の中での、小さな「無知の知」が、あなたのはじめての仕事に自信を与えてくれますので、まずは、基本から始めてみましょう。

2-2 審査担当の視点を意識 条例の改正・制定を担当するなら

👉 よくある法改正関連業務の悩みどころ

　法改正による制度の改正や、自治体として新たな取組みを行おうとするとき、必要になるのが例規の改正あるいは制定作業です。公務員の仕事で多いのは、条例、規則、要綱などさまざまな規定形式のものを改正することですが、特に条例改正については議会の議決を得なければなりませんし、例規審査会といった庁内の検討委員会の審査も受けるため、苦手意識をもつ方も多いのではないでしょうか？

　分野によっては、制度改正があるたびに、所管省庁が条例（例）として改正モデルを示す場合がありますが、今回は、そういったヒントがない場合の対応についてご紹介します。

👉 改正の必要がある条文を把握する

① 改正内容を図示してみよう

　一番大切なのは、法改正の内容をしっかりと理解することです。そこで、まずは、法改正の内容について、図などを用いた資料として作成してみましょう。

　具体的には、**改正前の仕組みと、改正後の仕組みを図やフローチャートなどに表してみること**です。図が難しい場合は、改正前後を箇条書きにしてみるとわかりやすくなります。こうして資料をまとめることで、改正の内容をきちんと理解できます。さらにその後、上司や法務部門などへの説明資料として活用することもできますから、一石二鳥です。

② 改正の必要な条文を探してみよう

　改正理由が独自の理由であれば、該当する条文を抜き出すことになりますが、法改正の場合は、**どの条文に影響するのかを検証する**ことから始めましょう。今は、どの自治体も例規システムを導入していると思いますので、システムで改正となった法の条文を引用している例規を検索すると、改正漏れを防ぐことができます。

　はじめに、改正となった法令名で検索して、**引用している例規に絞り込み**ます。次に、改正となった条名（〇条）で検索することで、**効率的に改正が必要な可能性のある例規を把握**することができます。

　対象の絞り込みができたら、今度は、改正の影響があるかどうかを検索でヒットした条文を一つずつ確認してみましょう。複数の例規に改正の影響がある場合、その内容に応じて、複数の条例を改正する整備条例としてまとめて改正するか、その改正に付随する軽易なものであれば、改正条例の附則で措置することになります。二度手間にならないためにも、どちらを選ぶかは、あらかじめ例規審査担当に相談するとよいでしょう。通常は、各課が自所属の例規改正のみをあげてきて、それを例規審査担当が調整することのほうが多いので、「そこまでチェックしてくれたの?!」と例規審査担当に感謝されると思います。

　また、用語の改正がある場合は、改正前の用語で検索することも忘れないでくださいね。

👍 改正案の作成

　改正の必要がある条文が把握できたら、次に**新旧対照表を作成**してみましょう。新旧対照表は、改正前と改正後の条文を左右に並べて比較するもので、自治体によっては、システムで自動作成できるところも多いと思います。はじめに新旧対照表の旧条文の改正が必要な部分に下線を引き、どのように改正するのかを検討します。

👉 新旧対照表作成に難航したら他市条例をベンチマーク！

　どのように改正してよいかわからない……という場合は、他市と情報交換してみましょう。条例改正が必要なのは、他の自治体も同じですから、どのような改正を予定しているのかの情報交換が有益なのは言うまでもありません。しかしこの時、むやみやたらに相手を選んではいけません。まずは、同規模自治体の条例をチェックして、ベンチマークの対象を決めましょう。**条例のベンチマークとは、他自治体の条例と自分の自治体の条例とを逐条で比較分析し、条例の設計や運用に活かすための検討手法です。**

　具体的には、条例の構成や規定事項に共通点の多い自治体を2〜3か所選び、今後、継続して情報交換の相手方とします。同じような規定をもった自治体との情報交換は、具体的な改正案を共有するのに適しており、とても参考となりますので、どの条文をどのように改正するのか、その考え方も含めて聞く絶好の相手方といえます。また、法務部門のレベルが安定的に高い東京都など、理想像となる自治体をひとつ選んで、自分の自治体の条例と比較検討の対象とするのも有益です。理想像との比較で、自分たちの条例の不備に気づくことができるといった効果が期待できますので、業務に余裕があるときには、ぜひ、チャレンジしてみてください。

👉 改正方式に応じた対応

　さて、ここまでくれば、あなたのPCには、新旧対照表ができていると思います。条例の改正方式が新旧対照表方式の場合は、改正作業は終わりになりますが、改め文方式の場合は、改正のための案を作成します。改め文の作成方法については、『法制執務詳解』（ぎょうせい）などに詳述されていますが、自治体によっては書籍で示されている文例より、過去のその自治体での改正文をなぞることを優先する場合もあります。また、最近ではシステムで改め文も作成できるものもあり、

働き方改革を追い風に効率的な改正作業が進んでいるところもありますので、ご自身の自治体の方式にあわせて作業を進めてみてください。

👉 例規審査の着眼点

いよいよ、改正案を例規審査担当部門に持ち込むことになりますが、この時、最初に作った資料が役に立ちます。私も以前、例規審査を担当していたことがあるのですが、多いときには、ひとつの議会で50本以上の条例改正が必要となることもあり、そのすべてを一から理解するには途方もなく時間がかかってしまいます。したがって、**自分なりに改正内容を図示してから把握する**ようにしていました。

例規審査担当部門といっても、在籍年数によっても違いますが、すべての例規に精通することは困難です。ですから、原課担当者が作成した改正内容の資料があると、理解が早まり、その資料をチェックすることで審査の精度を上げることが期待できます。

さて、例規審査では、どのようなポイントをみているのでしょう。

① 適法性の審査

自治体によって、また職員によって着眼点はそれぞれですが、まずは、改正しようとする概要を理解したうえで、その適法性を審査することは言うまでもありません。以前、医療職を目指す学生への奨学金を補助するための例規審査を依頼されたことがありましたが、奨学金で就職を強要されたと訴訟に発展している例などもあり、返済方法の決め方ひとつで、その後の職業選択を実質的に縛ることになってしまうため、方法を見直してもらったことがあります。**当該例規で創設される仕組み自体の適法性審査は、とても大切な着眼点**です。

② 改正の必要性の審査

次に、改正の必要性を改めて検討します。法改正があっても、必ずしも改正が必要とは限りませんので、条文をよく読んで、必要なもの

かどうか、改正は最小限の範囲となっているかを確認します。

③ 予算の裏付けの審査

　さらに、**改正の内容が歳出に影響を及ぼす内容の場合は、その予算の裏付けがあるかを審査**します。たとえば、職員の給与を引き上げる改正を、引き上げのための予算要求をせずにすることはできません。この場合、予算案と条例改正案を同議会に提案することになりますが、それと同様に予算の裏付けの確認も大切なチェックポイントです。

④ 改正方法の検討

　次に、**その改正が他の例規に影響を及ぼすものかどうかを確認し、必要があれば、他の例規も同時に改正**します。その場合、前述したように、その改正方法を検討し、関係する例規の修正を促すこととなります。ここでも、本書をお読みのあなたは、影響のある例規のチェックを済ませていますので、修正による手戻りが生じませんね。

⑤ 表現の審査

　そして、ここまで述べてきたすべての項目を審査してはじめて、改正案の表現が適切かどうかを審査することになります。

　改正案の表現については、実は、例規審査担当も準則や他自治体の条例、過去の改正例のベンチマークをして審査するのが一般的です。ですから、ベンチマークをすでに済ませているあなたは、審査担当と同じチェックをしていることになるので、質問されても怖くないだけの準備ができているということです。

　なお、過去の改正方法にこだわるあまり、長い時間をかけて表現を見直す例を耳にしますが、重要なことは、その改正が正しく伝わることであり、過去の表現と必ずしも一致させる必要はないものと考えます。

👉 改めての例規審査のチェックポイントまとめ

例規審査担当のチェックポイントをまとめてみると、次のようになります。

① 適法性
② 改正の必要性
③ 予算の裏付けの確認
④ 他の例規への影響
⑤ 改正方法の検討、改正の表現の検討

さて、ここまで読んでいただいたあなたなら、もう例規の改正は、怖くないはずです。

そもそも例規審査担当職員も資質も経験もさまざまですから、わからないことが沢山あります。つまり、審査業務を通して、あなたと一緒になってその制度を学ぶ同志といえます。

ぜひ、成長のチャンスだと捉えて、積極的にチャレンジしてみてください。

2-3 傾聴・提案・チーム対応
住民のクレームに対応するなら

👉 クレーム対応に「法務の力」を加えよう

　公務員の仕事で、大変なのが住民のクレーム対応です。こちら側のミスであればただただ謝罪し、事務を改め、再発防止に取り組むほかないのですが、中には、おっしゃることはごもっともだけれど要求を受け入れられない場合や、そもそも無理難題を押し付けてくるような場合もあります。この時に役に立つのも「法務の力」です。まずは、さまざまなパターンがあるクレーム対応の3つの基本をみてみましょう。

① 相手の話を聞く

　クレームを言う方は、自分の時間を費やして役所にクレームを言っています。**まずは先入観を捨てて話を聞きましょう。**どんなにおかしな主張でも、その人なりの理由や理屈があります。まずは相手の言葉に耳を傾けましょう。最後の一言まで聞いたうえで、**その方が残念に感じていることを「お気持ちお察しします」という一言を添えて伝えてみてください。**そのうえで、**相手の要求がどこにあるのか整理**すると話がスムーズに行きます。相手の主張が理不尽だったり、以前の繰り返しであったりすると、ついつい相手の言葉を遮って説明したくなるものですが、逆効果です。相手はもっとわかってもらおうと声を荒げてしまいます。かと言って長時間、無制限にお話を聞くわけにもいかないので、はじめに対応時間を伝え、相手の話が長すぎれば、**「お話し中ではございますが、ご主張の趣旨は理解しました。ご不快な思いをさせてしまい、大変申し訳ありませんでした。時間が無くなってしまいますので、一旦こちらからご説明してもよろしいでしょうか？」**と話を切り替えましょう。この際に気をつけたいことが2点あります。

<u>自分の説明に時間を割きすぎない</u>

　長く一方的な説明は、相手には言い訳にしか聞こえません。一文を短めにして、その都度「ここまででご質問はありますか？」あるいは「この点について考え方は合っていますか？」などこまめに相手に話す機会をもたせることが大切です。

<u>相手の特性を見極め言葉を選ぶ</u>

　次に、発達や精神になんらかの障害を有する方あるいはそうした傾向がある方への対応です。丁寧な言葉は相手によっては回りくどく、理解しにくい場合があります。シンプルな言葉と短い文のほうが伝わりやすいので、相手の特性を見極め配慮しながら話しましょう。

② 不当な要求には答えない

　大声を出されたり、揚げ足を取られたりして、ついつい焦って何か対応しなければ……と思う気持ちも理解できますが、こういう時こそ冷静な対応が必要です。以前、滞納処分に腹を立て大声を出した市民の方の怒りを鎮めようと説明に加わった職員が、できもしないことをやりますと言って、後日火消しに苦労したことがあります。その職員にとっては目の前の騒ぎを鎮めることだけ考えて口走ったのでしょうが、できないことを「できるだけ頑張ります」などと言ってしまうと、相手に期待をもたせ、その場は切り抜けられても、結局はさらに大事になる原因をつくってしまいます。ですから、**詫びるべきは詫びたうえで、できる範囲、できない範囲を明確にして、しっかりとした根拠をもって説明する**ことが大切です。

③ 可能な限り情報提供に努める

　相手にとって有利な情報を、「質問されなかったから説明しなかった」という担当者の話を何度も耳にしたことがありますが、これは間違いです。**情報量で圧倒的に不利な立場にある市民の方には、積極的に情報とさまざまな選択肢を提供しましょう。**一緒にその課題を解決するという姿勢が、あなたへの信頼に繋がります。

👉 クレーム対応に法務を活かす

　それでは、法務を活かしたクレーム対応を具体的に考えてみましょう。「しっかりと法的根拠を示して説明する」と一言で言っても、法律を笠に着るような言い方をしては、かえって相手を怒らせてしまいます。大切なのは、**法律で決まっていることを相手との共通認識にすること**です。

　私の担当している債権管理では、貸付金の返済が滞っている人の債権回収をしているのですが、返済できるだけの収入があるのにもかかわらず、返済できないと開き直る人もいます。さらには、大声で騒ぎ始めたり、揚げ足ばかりとろうとしたりする人もいます。そういう方には、次のように説明をしています。

　「地方自治法施行令171条の2では、債権が未納となり、納付意思を示していただけないなど回収の見通しがたたないときは、裁判などの法的手続により回収しなければならないと定められています。私たち職員は、法律の規定を無視するわけにはいきません。けれど、裁判となれば双方にとっても精神的な負担になりますし、こちらは裁判所に提出するさまざまな書類を作成しなければなりませんので、ご自身で自主的な返済をしていただいたほうが助かります。生活収支を確認のうえであれば分割納付の相談を受けることもできますが、いかがでしょうか。」

　ここまで話すと、**①滞納を解消しないと、裁判で回収しなければならないと法律で定められている**、**②裁判は、担当職員も積極的には望んでいない**、**③自主納付であれば、分割払いでもよい**という3点について、共通認識に立つことができ、ほとんどの場合、建設的な相談とすることができます。

　それは、この説明によって、滞納のある市民の方にとって目の前の職員が自分と対立する関係ではなく、**お互いに訴訟という危機を回避する共通の目的をもった同志のような存在になる**からなのです。

3章

判断力を身につける！

対話でわかる
自治体法知識

本章の使い方

実際に「法務deランチ」をやってみよう!

　第3章は、実際に私たちがやっている「法務 de ランチ」を紙の上で再現してみようという試みです。とはいえ、実際の「法務 de ランチ」は参加者も多く、チューター（講師）による講義形式や小グループに分かれての討論など、さまざまな形で実施しているので、それをそのまま再現しても読みにくいものになってしまいます。

　そこで、登場人物を4人（K市役所勤務の法務に詳しい先輩職員と若手の後輩職員3人）に固定し、この4人が、各回のテーマに沿って会話を進めるという構成にしてあります。

　では、4人を簡単に紹介しておきましょう。

先輩。
法務の経験が長く、若手にとって頼れる職員。

後輩Aさん。
法務はちょっと苦手な若手職員。

後輩Bさん。
真面目で法律の基礎知識もそれなりにある職員。

後輩Cさん。
的確に話をまとめる「縁の下の力持ち」な若手職員。

なお、各回のテーマは独立していますので、興味に応じてどこから読んでいただいても大丈夫です。自治体法務を学ぶうえで基本として押さえておきたい原則から、現場で直面する今日的な課題まで、広く浅くの方針で選んであります。そのまま読んでいただくのももちろん大丈夫ですが、「なるほど」とか「自分の考えはちょっと違うな」とか、自分も対話に参加しているような感覚で読んでいただければありがたいです。

👍 レジュメの使い方

　そして、各回には、簡単なレジュメが用意してあります。このレジュメは、各回の話の全体像を一目で見る用途にも使えます。ぜひ、このレジュメを利用して、ご自分の職場で、同僚の皆さんと一緒に「法務 de ランチ」をやってみてください。もちろん、すぐに本章のような議論ができるとは限りませんが、何度かやっているうちに、「立場や考え方の違う人と議論することによって、自分の考えが変わったり、深まったりする」ということを実感できるのではないかと思います。**法律や法務の勉強は、「あらかじめ決められた結論に短時間でたどりつく」ことを目標とするものではありません。**多数の人の利益や考え方、立場を尊重しつつ、それらの調和点をどのように見いだしていくか、という思考過程（プロセス）を身につけていくことが何より大事なことであり、それを身につけていくことで、あなたのリーガルセンスに磨きがかかっていきます。そして、あなたが未経験の課題に出会ったときにも、解決策を見いだす力となるでしょう。

「なぜ法律を守るのか」と聞かれたら どう答える?

憲法は、誰が守るもの?

先輩 今日から法務の勉強を始めよう。最初だから、そもそも法律とは何か、どうして守らなくてはいけないか、というところから始めよう。みんな、宿題の、日本国憲法は読んできてくれた? さっそく質問、憲法は、誰が守るものだと思う?

後輩A 法律なんだから、**私たち国民が守るもの**ですよね。政治家とかがよく「国民は憲法を守りましょう」って言ってるのを聞きますよ。

後輩B 憲法の成り立ちから考えると、**憲法は国家権力側が守るもの**だと思います。憲法99条には、「天皇又は摂政及び国務大臣、国会議員、裁判官その他の公務員」に対して憲法を尊重し擁護する義務が規定されていますし。

後輩C でも**憲法12条**では、「この憲法が国民に保障する自由及び権利は、国民の不断の努力によつて、これを保持しなければならない」って。国民だって、憲法を守るべき立場にあるでしょ。

先輩 そのあたりは、Bさんの「憲法の成り立ちから考えると」ってところが関連してくるね。Bさん、もう少し詳しく説明できるかな。

「人の支配」から「法の支配」へ

後輩B

はい。私が先ほど言った「憲法の成り立ち」は、憲法が制定されるよりもっと前、**そもそも世界の歴史の中で「憲法」という法律がどう制定されてきたか**の話です。中世から近世にかけての統治方法は、「人の支配（人による支配）」と呼ばれるものでした。典型的には、中世ヨーロッパの絶対君主制です。国王の権力は、神から授けられた神聖なものと考えられていたので、国王がルールを勝手に作ったり曲げたりが自由でした。

後輩A

あ、それ知ってる！ イギリス国王のヘンリー8世は、妻と離婚しようと思ったけど当時のカトリック教会が離婚を認めていなかったから、ローマ教皇庁と手を切ってイギリス国教会を作ったって。それで離婚できるようにして、妻の妹と結婚したんですよね。そのあとも妻が亡くなったりして、結局合計6回結婚したって。

先輩

たしかにそれは、国王が勝手にルールを曲げた実例だね。絶対君主制の下では、もっと怖いことが起こることもあるけど、どんなことか想像できる？

後輩C

国王がルールを勝手に決めていいから、国王の考え一つで、昨日まで許されていた行為が、いきなり許されなくなって処罰されたり、国王のお気に入りになれば良い生活ができるけど、気に入らないことをすると即処刑になったり……ですね。

先輩

その通り。そんな国では、国民は何をしたら処罰されるのか予測がつかないから、何をするにも怖くなって我慢を強いられることになりかねない。さて、Bさんの話が途中になっていたね。

後輩B

まさに今までみんなが話をしていた通り、「人の支配」の下では、国民の権利や自由がないがしろにされてきたので、それはおかしいと主張し始める人がたくさん出てきました。そこから、法によってルールをあらかじめ定めておいて、国民の権利や自由を守ろうという思想が生まれました。

先輩

法の支配（法による支配）だね。憲法は、国王や国家権力の暴走を制限する法としてできたということね。

「立憲主義」とは具体的にどういうこと？

先輩

次に、「立憲主義」について誰か、説明できる人はいるかな。

後輩C

はい！私がします。

立憲主義は、「法の支配」のひとつの形態です。この立憲主義には、古典的な考え方と、近代的な考え方があります。

「人の支配」から「法の支配」へと時代が変わっていく時、最初のうちは、あらかじめ決められた「法」に従っていれさえすればいいという考え方でした。このような考え方は、古典的な立憲主義と言われています。

古典的な立憲主義では、「法」という名のルールに従えばよく、「法」の内容自体がいいかどうかは問題になりませんでした。なので、国王や権力者が「法」の内容を自由に変えていいということに繋がってしまい、さっきから話題に上がっているように、国王の考え一つで法が変更されてしまうということになってしまいました。

後輩A

あれ、それだと、あまり「人の支配」と状況は変わらないような気がするよ。

後輩B

そうなんですよ。なので、立憲主義の考え方も、法によってあらかじめ明確にルールを決めておくだけではなく、それを国王などの国家権力側にも守らせることで、国民の権利や自由を守るというものに変わっていきました。このような考え方を、近代的な意味での立憲主義と呼んでいます。

なので、近代的な意味での立憲主義は、国王や国家権力の暴走を阻止して、国民の権利や自由を守るために、あらかじめ明確にルールを定めておくということを意味しています。

現代では、「立憲主義」と言うときはこの近代的意味での立憲主義を指し、憲法も近代的な意味での立憲主義をベースに制定されています。

先輩

説明ありがとう。さて、冒頭の質問の答えは……。

後輩A

憲法は、国家権力の暴走を阻止して、国民の権利や自由を守るためにできたんですね。つまり**憲法は、国民よりは国家権力が守るべき法律?**

先輩

その通り。たしかに、政治家などの中には国民に憲法を守るよう主張する人もいるけど、むしろ政治家などの国家権力側の人にこそ、憲法を守る義務があるということね。

地方公務員の憲法上の立場は?

先輩

では、私たち地方公務員の憲法上の立場を考えてみよう。

後輩A

あ!!　**憲法を尊重して擁護する義務**があります!　公務員になった時、宣誓しました!

後輩B | それ、さっき私が挙げた条文だよね。Aさん、それがどういう義務なのか、きちんとわかってる？

 後輩A | 憲法をきちんと守るんでしょ……？

 後輩B | それだけじゃなくて、さらに**「憲法違反行為を予防し、これに抵抗」する義務を課したもの**であると考えられているんだ。もし私たちも業務をする際に憲法違反の状態になっている事態が生じれば、そこは権力に与するのではなくて、積極的に正していかなければいけないんだよ。

 後輩C | 行政も、単に法律の執行さえしていればいいわけではなくて、それが権力の暴走になってないか、きちんと考えないといけないってことですよね。

 後輩A | あの宣誓には、けっこう大事な意味があるんだね……。

 先輩 | その通り。ところで、憲法尊重擁護義務の他には、憲法上公務員はどのような地位があるとされているかな。

 後輩C | 憲法15条1項で、「公務員を選定し、及びこれを罷免することは、国民固有の権利である」と規定していて、公務員の権力行使の源は国民の意思によるものであることを意味しています。2項では「すべて公務員は、全体の奉仕者であつて、一部の奉仕者ではない」と規定されていて、これは特定の集団・階級・階層とか、特定の業界・分野だけを重視することは許されず、全国民のあらゆる利益の維持増進のために専心努力することを義務付けた規定と考えられていますね。

地方公務員はストライキができるのか？

先輩
じゃあ、次の質問。「**公務員は、憲法上『全体の奉仕者』とされ、国民に対し公共性の高いサービスを提供すべきであるから、労働組合を結成したり、ストライキをすることは許されない**」という考え方について、みんなはどう思う？

後輩A
私たちがストライキとか起こしたら、行政サービスがストップしちゃいますよね。**全体の奉仕者**なんだから、当然、そんな国民のためにならないことをしちゃだめだと思いますけど……。

後輩C
でも、**公務員も職員団体はあります**よ。これって、私企業でいう労働組合と機能は同じですよね。それに外国では、公務員がストライキをしたって話も聞きます。日本だって、公務員が適正な給料や待遇改善を求めて団結したり交渉したりっていうのは認められてもいいと思います。

後輩A
憲法28条では国民に、団結権、団体交渉権、団体行動権（争議権）のいわゆる**労働三権を保障**してますよね。でも、地方公務員法や国家公務員法は、同盟罷業と怠業、つまり争議行為を禁じているから、公務員も、団結権と団体交渉権は保障されるけど、争議行為、ストライキは禁じられるってことかな。

後輩B
法律がストライキを禁じていることと、憲法がストライキを禁じているかどうかは、また別の問題なんじゃないですか。Cさんの言う通り、公務員に争議権を認める国もあります。もちろん、外国と日本では社会のシステムや文化が違うから、外国でできることは日本でもできるわけではないけれど、**公務員という理由だけで憲法上も争議権が保障されない理由にはならない**気がします。「公務員」といっても、いろいろな公務がありますし。

後輩C 私もそう思います。警察とか消防とか、ストップすると本当に困る業務もありますけど、ストップしても国民や市民との関係ではあまり影響の出ない公務もありますよね。

後輩B 公務員に争議権を認める国は、公務員がストライキをしている間は、軍隊が公務員の代わりを務めるところもあるようです。日本でも、たとえば警察がストライキをしたときに、自衛隊が代わりの機能を担ってくれるのかとか、そういうシステムも関連しそうなので、仮に争議権を公務員に認めても、無制限というわけにはいかないと思います。

後輩C 無制限とはいかないのは同感です。

後輩A そうか……公務員だって国民のひとりだし、公務員っていう理由だけで憲法上の権利が直ちに保障されないのもおかしいですね。権利や自由の内容ごとに答えが違ってくるのが悩ましいです。

先輩 公務員がストライキできるかどうかは、憲法上はハッキリとは決まってないようだね。Aさんの悩みは、まだまだ続くだろうね。次の設問にいこうか。

地方公務員は、政治活動ができるのか？

先輩 次は、公務員の政治活動について。「<u>**公務員は、たとえ勤務時間外であっても、特定政党を支持して政治活動をすることは許されない**</u>」という考え方について、意見交換をしよう。

後輩A

政治活動といってもいろいろありますよね。立候補する、投票に行く、選挙で街宣活動を見る、特定政党の集会に行く……。公務員は兼業禁止なので立候補はできませんが、投票には行くし、そのときは自分の支持する候補者に投票するので、現行法上も政治活動は一律禁止ではないですよね。

後輩B

勤務時間外には何をしようと自由だし、一律に政治活動を禁止するというのはおかしいのでは。

後輩C

私も同意見。裁判官に政治活動の自由が認められるかが争点になった判例もありますが、司法への信頼という意味で政治的中立性が強く求められる裁判官とそうでない公務員とでは、政治活動が認められる範囲に違いも出てくると思います。

後輩B

これもさっきの労働三権の問題と同じで、私たちは、公務員という地位と、国民の地位が併存しているわけなので、公務を離れた場では、国民として憲法上の権利や自由を享受できると思います。

先輩

今日は、公務員には二面性があるっていうことを考えてほしかったの。私たちの担当する公務の関係では、私たちは国民に対して公権力を行使する立場にある。だからその限りでは「憲法に縛られる立場」である一方で、担当する公務を離れれば、一般国民として権利・自由を享受できる。つまり、一概にやっていい悪いの答えが出ないことも多いんだ。この二面性を念頭に、毎日の仕事に取り組む必要があると覚えていてね。さて、今日はこのぐらいにして、また午後の仕事、頑張ろう。

「立憲主義・法の支配」と公務員の地位

1 法の支配と立憲主義

①「人の支配」から「法の支配」へ

(1) 人の支配（人による支配）…中世から近世にかけての統治。たとえば中世ヨーロッパにおける「絶対君主制」。国王の権力は神から授けられたもの（王権神授説）で、絶対不可侵。法規範は国王の勝手な決定も変更も許された。

(2) 法の支配（法による支配）…恣意的で強権的な人の支配の脱却をめざした考え方。法によるルールをあらかじめ明確化し、国家権力も法に従うとして、国家権力行使が恣意的にされないよう制限。国民の権利・自由を守る思想。

② 立憲主義（近代的意味の立憲主義）とは

国家権力を制限し、権力行使のルールをあらかじめ憲法で定め、国民の権利・自由を守る考え方。この考え方では、憲法のそもそもの目的は、「国民を縛ること」ではなく「権力を縛ること」「国民の権利・自由を守ること」にある（「権利の保障が確保されず、権力の分立が規定されないすべての社会は、憲法をもつものでない」フランス人権宣言 16 条）。

近代的意味の立憲主義のポイントは 3 つある。(1) 国が侵害してはならない権利・自由の保障を目的とする（基本的人権の尊重）、(2) 国のあり方や国民を縛るために定めるルールは、国民の代表者が自らつくること（民主主義・国民主権）、(3) 権力を分散させて（立法・行政・司法）、相互に監視・牽制しあって国民の権利侵害を防止する（三権分立・権力分立）。

現在の憲法の基本原理に受け継がれる。だからこそ憲法は公務員（内閣や国会議員も含まれる）に憲法尊重擁護義務を課す（憲法 99 条）

2 地方公務員である皆さんの憲法上の立場は？

① 公務員についての憲法の規定

「公務員を選定し、及びこれを罷免することは、国民固有の権利である」（15 条 1 項）・「すべて公務員は、全体の奉仕者であつて、一部の奉仕者ではない」（同条 2 項）

② 憲法 15 条 1 項・2 項をどのように理解するか

(1) 1 項　（もちろん、すべての公務員について、国民が直接に選定したり罷免したりしているわけではないが）公務員の権力行使の源は、国民の意思によるものであること

(2) 2 項　自分や親戚・知人だけのためあるいは特定の集団・階級・階層、特定の業界・分野だけをもっぱら重視することは許されず、全国民のあらゆる利益の維持増進のために専心努力することを義務付けた規定。

公務員はそれぞれ職務は違うが国民に対して公権力をもつ。「立憲主義・法の支配」と公務員の地位の関係は？

3 意見交換してみよう！

(1)「公務員は憲法上『全体の奉仕者』。国民に公共性の高いサービスを提供すべき立場だからストライキなど許されない」との見解をどう思う？　また、公務員にも団結権や団体行動権、争議権が認められる場合制約はないのか。

(2)「公務員はたとえ勤務時間外でも特定政党を支持して政治活動をすることは許されない」との見解をどう思うか。

また、公務員が政治的活動をすることが許されるとして、それには全く制約がないのだろうか。

条例制定において法律の範囲内かをどう考える？

「地方自治の本旨」って？

先輩　みんな集まったね。今日は、**地方自治と条例制定の限界**がテーマだけど、まず、地方自治とは何か、調べてくれた A さん、発表してもらえるかな。

後輩A　はい。地方自治のおおもとは、「地方自治」を定めた**憲法第8章**です。**憲法 92 条**は「地方公共団体の組織及び運営に関する事項は、地方自治の本旨に基いて、法律でこれを定める。」として、現在の地方自治制度を定めたとされています。

後輩B　「**地方自治の本旨**」って抽象的ですね。

先輩　「本旨」は、本来の趣旨や目的という意味だけど、「地方自治の趣旨」と言いかえても確かにはっきりしないよね。A さん、「自治」についてはどうかな。

後輩A　はい。「自治」は、「自分たちに関することを自分たちの意思・責任で処理する」ことですね。2 つの側面があって、ひとつは対外的関係です。「外の人たちから干渉されずに自分たちで決める」という意味。もうひとつは、対内的関係で、「内部のことは内部の人が自分たちで決める」ことですね。

先輩　そうだね。これを具体的に見ると、まず、対外的関係は、地方の政治や行政が、国から独立した団体（地方自治体）に委ねられ、

地方自治体自らの意思と責任で運営される「**団体自治**」。対内的関係は、地方政治や行政を、地方自治体の構成員である住民が行う「**住民自治**」なんだよね。

後輩A

先輩、私の発表なんだから横取りしないでください（笑）。まあ、そんなわけで、**憲法92条**の「地方自治の本旨」は、「団体自治」と「住民自治」の2つを意味すると考えられています。で、この憲法の規定に基づき地方自治を具体的に規定したのが、地方自治法その他の法律ということです。

先輩

じゃあ、団体自治と住民自治の確保のため、憲法や地方自治法は、どんな仕組みを定めているのかな。

後輩A

まず団体自治は、**自治立法権・自治行政権・自治財政権**などが認められています。これらの権限を自治体がもたなければ、国や他自治体からの独立性を確保して地方自治を実現できないからです。

後輩C

憲法では国の統治機構として、立法（国会）、行政（内閣）、司法（裁判所）の三権を定めてますが、**地方自治に司法がないのはどうして**ですか？

後輩A

えーっと……。（助けて、先輩……）

先輩

それは、**憲法76条1項**「すべて司法権は、……裁判所に属する」、同条2項「特別裁判所は、これを設置することができない」が関係するんだよ。簡単に言うと、司法権は権力行使をチェックし、国民の権利を救済する役割をもつ。そのため他の権力から独立し、公平・中立が求められるので、**司法権は裁判所のみが行使できる**。自治体内で生じた紛争でも、自治体が独自に司法権を行使することはできない、というわけ。

後輩A （ほっ……。）先輩、ありがとうございました。次に住民自治についてですが、**自治体の首長や議員等が住民の直接選挙で選ばれること**、**条例の制定等への住民の直接請求・住民監査請求・議会の解散請求・首長や議員の解職請求**などがあります。

後輩C それって、国の場合と比べて違うんですか？

後輩A 国の場合、国会議員は国民の直接選挙で選ぶけど、内閣総理大臣は国民が直接選挙じゃなく、国会で指名されます。議院内閣制、つまり間接民主主義なんです。でも地方自治体では、首長も住民の直接選挙で選ばれるし、住民の直接請求など、さまざまな形で住民が直接に政治に関与する手段が確保されています。

先輩 ただ代表を選ぶだけでなく、住民自身が身近なことを議論し意思決定することを期待しているよ。「地方自治は民主主義の学校」とも言うよ。では、次は具体的な問題について見てみようか。

自治立法権──条例制定の範囲と限界

先輩 自治立法権について掘り下げて考えてみよう。この点はBさんに発表してもらえるかな。

後輩B はい。先ほどAさんも言っていましたが、**憲法94条**では、「地方公共団体は、……法律の範囲内で条例を制定できる」と**自治立法権（条例制定権）**を保障しています。これを受け、**地方自治法14条1項**は「地方公共団体は、法令に違反しない限りにおいて、第2条第2項の事務に関し，条例を制定することができる」としています。「第2条第2項の事務」は、ざっくり自治体の事務と考えていいでしょう。つまり、地方自治体には自治立法権として条例制定権が認められますが、**①当該自治体の**

事務に関すること、②**法律の範囲内**、つまり法令に反しないこと、という2つの制約があります。

先輩

①は、当該自治体の地域内の問題に限られるのが原則。これを条例の「属地主義の原則」と言うんだよ。②は議論があるけど、Bさん、調べてきてくれたかな？

条例が「法律の範囲内」と言えるには？

後輩B

はい。以前は、法律が規定する分野・事項については条例を制定できないとする「法律先占論」が通説でした。ただ、これでは自治体が独自の条例を制定する余地がほとんどなくなり地方自治が無意味になってしまうとの批判があり、現在では「実質的判断説」が主流です。道路交通法の規制事項を条例で重複規制した事例である徳島市公安条例事件の最高裁判決（最高判昭和50年9月10日）では、「条例が国の法令に違反するかどうかは、……それぞれの趣旨、目的、内容及び効果を比較し、両者の間に矛盾牴触があるかどうかによつてこれを決しなければならない」と述べており、実質的判断説の重要判例です。

後輩A

「実質的に判断する」って言っても……なんだか抽象的ですね。

後輩B

先ほどの最高裁判決では、場合を分けて説明しています。「ある事項について国の法令中にこれを規律する明文の規定がない場合でも、当該法令全体からみて、右規定の欠如が特に当該事項についていかなる規制をも施すことなく放置すべきものとする趣旨であると解されるときは、これについて規律を設ける条例の規定は国の法令に違反することとなりうるし、逆に、特定事項についてこれを規律する国の法令と条例とが併存する場合

でも、後者が前者とは別の目的に基づく規律を意図するものであり、その適用によつて前者の規定の意図する目的と効果をなんら阻害することがないときや、両者が同一の目的に出たものであつても、国の法令が必ずしもその規定によつて全国的に一律に同一内容の規制を施す趣旨ではなく、それぞれの普通地方公共団体において、その地方の実情に応じて、別段の規制を施すことを容認する趣旨であると解されるときは、国の法令と条例との間にはなんらの矛盾牴触はなく、条例が国の法令に違反する問題は生じえない」と言っています。文章長くて、わかりにくいですね。

先輩

そうだね。わかりやすく図にしたのがこれ。法律と条例の目的や規制対象が同じ場合に、法律では規制されていない事項を条例で規制を加える場合「**横出し**」、法令で規制されている事項をその法令と同一目的で、条例でさらに厳しく規制する場合「**上乗せ**」などと表現することがあるよ。

図1　条例が法律の範囲内かの判断枠組み（フローチャート）

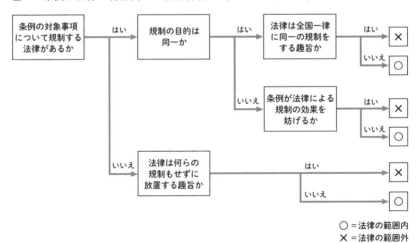

〇＝法律の範囲内
✕＝法律の範囲外

後輩C　「法令の意図」とか、「規制をせず放置する趣旨か」とか、どうやって判断するのか難しいですね。

先輩　法令の字面だけを眺めていてもわからないことが多いから、解説書を読むとか、法律制定時の趣旨説明や審議過程などを見るといいよ。法令を所管する省庁に問い合わせてもいいね。法務課にいると、新しい条例案のチェックの仕事が結構あるから詳しくなるよ。

後輩A　（詳しくなりたいような、なりたくないような）

事例問題①　生活保護に関する条例

先輩　次は、事例検討だね。条例の内容に賛同するかは別として、法令の範囲内と言えるか考えてね。まず事例1。X市は、生活保護の「不正受給」を防止するという趣旨で、条例で「**賭博及び浪費により生活困窮に至った者から生活保護の申請があった場合、市長はこれを拒むことができる**」と定めようとした。みんなはどう思う？

後輩A　生活保護法も、不正受給については保護費の返還や罰則などの規定を置いているし、**許される**んじゃないでしょうか。

後輩C　生活保護法2条は「すべて国民は、この法律の定める要件を満たす限り、この法律に定める保護……を、無差別平等に受けることができる」と定めています。これは、生活困窮に陥った原因や、保護を求める人の属性などに関係なく保護する趣旨では？　そう考えると、この条例は生活保護法で定める保護の要件を不当に加重するので、**生活保護法と矛盾抵触**するんじゃないでしょうか。

先輩 Cさん、福祉課の経験が生きた回答だね。実質的判断で考えてみると、この条例は生活保護法で定める保護の要件を加重するのでいわゆる「上乗せ」だけど、生活保護法は全国で一律の規制をする趣旨と考えられるので、この事例の条例は法律の範囲内とは言えないね。また、人権保障の観点から考えると、生活困窮の原因に関係なく生存権は保障されなければならないから、条例はそもそも憲法25条1項に違反し無効とされる可能性もあるよ。

後輩A 先輩、引っかけ問題でしたね。ひどい〜。

先輩 Aさん、間違った問題の方が印象に残って覚えられるよ。生活保護の「不正受給」は、保護の要件を満たしていないのにごまかして受給したり、収入があったのに隠したりする場合を言い、そもそも困窮の原因には関係ないよ。賭博や浪費による生活困窮は自業自得との意見もあるだろうけど、自治体としては、現に困っている人を見殺しにはできないから、まずは保護し、そのうえで生活改善を一緒に考えたいね。

事例問題② 子どもの貧困対策と条例

先輩 では、事例2。Y市は、子どもの貧困対策を重視するため「18歳未満の子どもを養育しているひとり親の生活保護受給世帯に対して、児童扶養手当に月1万円を加算して支給する」との条例を定めようとしている。どうかな。

後輩C 確か、児童扶養手当の根拠法は、児童扶養手当法でしたね。児童扶養手当法の目的は、「父又は母と生計を同じくしていない児童が育成される家庭の生活の安定と自立の促進に寄与するた

め」とされています。**条例も同一目的**と見ていいんじゃないでしょうか。

 先輩

それを前提に考えると、どうなるかな？

 後輩A

児童扶養手当法が、全国一律に同一の水準の支給内容を意図する趣旨であり上積みを許さないものであるなら、条例は**児童扶養手当法と矛盾抵触**するのかな。

 後輩B

児童扶養手当法には書いていませんね。

 後輩C

どちらかというと、**最低限この金額は支給しますって趣旨**で考えるべきでは？

 先輩

そうだね。福祉的な給付に関する制度の場合、全国的な最低水準を定めている場合が多くて、**地方の実情に応じた上積みは許されると考えてよさそう**だね。ただ支給額が多すぎたりすると、生活保護を受けていないが困窮しているひとり親世帯などとの公平を害し、憲法違反ではないかという疑問もあるので、注意が必要。この条例では、上積みの金額が不相当に多いわけではないから、結論的には法律の範囲内と言っていいよ。

条例は、地方自治体の行政にとって最も基本だし、自治体の独自性を発揮するためにも重要なものだから、勉強していこうね。

地方自治と条例制定権の範囲

1 ▶ 地方自治の本旨とは

「地方自治の本旨」（憲法 92 条）

(1) 団体自治（対外的関係）…外から干渉されずに自分た
ちのことを処理するということ

(2) 住民自治（内部的関係）…内部のことは内部の人が自
分たちで決めるということ

2 ▶ 地方自治を実効化させるための仕組み

(1) **団体自治の実効化のための制度**…自治立法権（憲法 94
条、地方自治法 14 条）、自治行政権（憲法 94 条等）、自
治財政権（憲法 94 条）など

自治司法権が認められていない理由は？

→憲法 76 条 2 項に「行政機関は、終審として裁判を行ふこ
とができない」と定めていることから、終審でなければ（つ
まり、最終的に裁判所による判断を求める手段が確保されて
いれば）行政機関も裁判を行うことができることも要チェッ
ク。行政不服審査法に基づく知事等の裁決もそのひとつ。

(2) **住民自治の実効化のための制度**…首長や議員について
の住民の直接選挙（憲法 93 条 2 項等）、条例の制定等に
関する住民の直接請求（地方自治法 74 条）、住民監査請
求（同法 75 条）、議会の解散請求（同法 76 〜 79 条）、首
長や議員の解職請求（同法 80 〜 88 条）など

国の場合は？

→国会の指名（憲法 67 条）

3 ▶ 自治立法権について——条例制定権の範囲と限界

①当該自治体に関するものであること、②国の定めた法律
の範囲内であること

「法律の範囲内」とは？

→徳島市安条例事件最高裁判決（最高判昭和 50 年 9 月 10 日）
をチェック！（64p フローチャート参照）

4 ▶ 「法律の範囲内」かを判断する練習問題に挑戦！

（1）**生活保護不正受給を防止する条例**…X 市は、生活保護の
「不正受給」を防止するという趣旨で、「賭博及び浪費によ
り生活困窮に至った者から生活保護の申請があった場合、
市長はこれを拒むことができる」との条例を定めようとし
た。

（2）**児童扶養手当の上積み条例**…Y 市は、子どもの貧困対策
を重視する観点から、「18 歳未満の子どもを養育している
ひとり親の生活保護受給世帯に対して、児童扶養手当に月
1 万円を加算して支給する」との条例を定めようとした。
⇒法律の範囲内と言えるかを、64p のフローチャートに
従って判断してみよう！

ヘイトスピーチをする団体から 施設利用の申込みが来たらどうする？

施設使用許可・不許可の根拠は？

先輩 こんにちは。何か困っているそうだね、大丈夫？

後輩B 市民会館の受付業務をしていたら、先日「Y会」から集会室の利用申込みがあったんです。

先輩 「Y会」って、「●●人を日本から追い出せ」とか言って、デモをしたりしている団体だよね。

後輩B それで職員の間で、「<u>ヘイトスピーチをする人たちに利用させると市がヘイトスピーチを認めたと誤解を招く</u>」「<u>ヘイトスピーチがよくないのは当然だけど、それで利用を認めないのは表現の自由を侵害するのでは？</u>」と議論になっているんです。

先輩 それは大変。でもまず聞くけど、<u>市の公共施設を貸す貸さないを市が判断できるのはどうして？</u>

後輩A え、**市が所有している**から。誰に貸すかとか、市が決められるのは当然じゃないですか。

後輩B 市が勝手に決められるっていうのは不公平でしょ。市民会館条例の中に、不許可の事由がおおまかに決められていますよね。

先輩 2人とも半分ずつ正解。公共施設を所有管理するのは市だから、どう利用させるかは市が決めるね。一般にはこれを「**施設管理**

権」と言う。でも公共施設は市民に利用してもらうためのものだから、施設管理権があっても勝手気ままに管理していいわけではなく、**その目的に従って管理される必要**がある。しかも、多数の市民の利用を予定した施設だから、使用許可などのルールは事前に定め周知する必要がある。

まとめると、使用許可不許可の権限は施設管理権に基づくけど、これは施設の本来の目的に沿って行使しなければならない。そのルールを具体的に定めたのが「市民会館条例」。条例はどのように定めているかわかる？

後輩B

市民会館条例3条では、「公の秩序を害し又は善良な風俗を乱すとき、館の管理運営に支障をきたすとき、このほか、使用させることが適当でないと認められるとき」には、「館の使用を許可しない」と定めていますね。

後輩C

じゃあ、**外国人に差別的な言動をする団体は「善良な風俗を害する」に該当するから不許可**でいいのでは？　ヘイトスピーチ解消法でも、地方自治体が「不当な差別的言動の解消に向けた取組に関し」「施策を講ずるよう努める」としています。

後輩A

うーん、それで市民会館や市役所が、Y会から抗議デモを受けたりしちゃったら困るなあ。

先輩

気持ちはわかるけど、抗議デモなどによって業務に支障が出るような場合には、それなりの対応手段をとるでしょう。むしろ、許可にせよ不許可にせよ、その理由を適切に説明できることのほうが大事だね。

ところで、「公の秩序又は善良な風俗」って、かなり曖昧だけど、Cさんは、どんなことを指していると思う？

一般条項には気をつけよう

後輩C うーん、行為が犯罪にあたるとか、悪徳商法とか…。たしかに、**何をイメージするかは人によってかなり違う**かも。

先輩 そうだね。「公の秩序又は善良な風俗」という言葉は、民法など他の法律にも使われ、適用範囲が広いので、こうした言葉を「**一般条項**」と言うよ。適用範囲が広くて便利な反面、曖昧だから、他の条項で具体的に説明がつく限り持ち出さないとか、限定的に解釈されることが多い。さっき確認したように、市民会館の使用許可権限は施設管理権に基づくものなので、**施設管理権の趣旨や目的から限定的に解釈すべき**ということになるね。施設管理の視点から考えると、全く自由に利用させた場合、どんな不都合があるかな。

後輩A たとえば、利用申込みが競合する問題がありますね。普通は先着順か抽選でしょうけど……。

後輩B 利用者が施設を壊したり、騒音を出して他の利用者や近隣住民に迷惑をかけたりも考えられます。

先輩 そうだね。不特定多数の市民が利用する公共施設は、施設管理権に基づいて①施設を目的のため適切に利用できる状態で管理すること、②他の利用者や住民の人権侵害の危険があることの2つが利用制限の根拠となるね。でも、集会が平穏に行われる限り、集会の主体がヘイトスピーチを行う団体だから「**行政から見て、好ましくない**」というだけでは、「**公の秩序**」を害するとまではいえない。それこそ不許可処分の取消訴訟を起こされて負けちゃうことになりそうだよ。

表現の自由って？

先輩 仮に取消訴訟となったら、Y会は不許可処分は違法と主張することになる。その理由は何だと思う？

後輩A えっと、「<u>集会の自由や表現の自由を不当に制約するから憲法違反だ</u>」ですかね。

先輩 そうだとすれば、施設管理権の趣旨だけでなく、表現の自由の視点からも考える必要があるね。まずは、憲法の条文から確認しましょう。

後輩B <u>憲法21条1項</u>「集会、結社及び言論、出版その他一切の表現の自由は、これを保障する」です。

先輩 うん。「集会」「結社」「言論」「出版」それぞれの形態に応じてそれぞれ論じることもあるけど、すべて広い意味の「表現の自由」。今回なら「集会の自由」が当てはまるけど、広い意味の「表現の自由」の問題として考えていい。仮に表現の自由が保障されていないとしたらどうなる？

精神的自由の「2つの価値」と「二重の基準」

後輩C 言いたいことが自由に言えない、特に政府の施策に反対するようなことを言うと逮捕されるとか。

先輩 そう。ウクライナ侵略でのロシアでの言論統制とか、恐ろしいよね。Cさんが言ってくれたことには2つの側面があるよ。ひとつは、「言いたいことを自由に言う」ことが、国民一人ひとりの人格発展のために必要なこと。「**自己実現の価値**」と言う。

もうひとつは、民主主義（国民主権）を実現するためには、みんなが自由に意見を述べ合える場が必要だということ。「**自己統治の価値**」と言う。このように、表現の自由を含む「**精神的自由権**」は、個人の自由にとどまらず、民主的な政治プロセスにとって不可欠の前提なんだよね。他方、権力者に不都合な事実を暴露した人を処罰するなど、侵害されやすい。しかも不当に侵害されてしまうと、政治プロセス自体が歪められるので修復が難しいね。そこで裁判所は厳しく審査し、不当な侵害を違憲と判断する必要が高いわけ。つまり、**精神的自由権の侵害は、経済的自由権の侵害とは異なり、より厳しく審査される**。これを「**二重の基準論**」と言うよ。

後輩B

精神的自由権の侵害に対しては、どのような審査基準が使われることになるのですか？

先輩

具体的にはいろいろあるけど、一般に精神的自由権の規制の場合、**原則として違憲と推定**され、例外的に「**規制目的の正当性**」と「**規制手段の相当性**」の両方が肯定される場合のみ合憲と判断される。場面や権利侵害の程度などに応じて「正当性」「相当性」を具体的にどのように判断するか、最も厳しいものから比較的緩やかなものまで、いろいろな基準が使用されているよ。

内容規制と内容中立規制

先輩

そして今回の市民会館利用の場合、**内容規制**に該当する可能性があることに注意が必要だね。

後輩A

内容規制って何ですか？

先輩　「**内容中立規制**」とペアで覚えておくといいよ。「内容規制」とは表現の内容、つまり表現が伝えようとするメッセージそのものを理由として表現を規制するもの。これに対し、表現の時・場所・手段を理由とした表現の規制が「内容中立規制」。内容規制は、特定の内容を含む表現が抑制され、制約の程度が強く、より厳しい基準で判断される。これに対し、内容中立規制は、特定の時・場所・方法での表現が制約を受けるにすぎないので、内容規制よりは緩やかに判断される。

 後輩C　市民会館の使用不許可の場合、市民会館での集会ができなくなるだけなので、内容中立規制では？

 先輩　そう考えることもできるね。ただ、使用不許可の理由が「差別的表現」というところにあれば、表現の内容を理由とする規制なので、内容規制と見るべきだね。

 後輩A　じゃあ、差別的表現であること以外の理由を考えればいいんじゃないですか？

 先輩　うーん、それでいいのかな……。外見上は内容中立規制に見えても、特定の主張をする人にだけ適用されるようなものは、実質的には内容規制に該当すると判断される。今回の場合も、内容規制に該当すると判断される可能性は否定できないね。

事前抑制の原則禁止

 先輩　もうひとつ、今回の件を考える際に重要なのは、**事前抑制の原則禁止**という点。

 後輩B　**憲法 21 条 2 項**の「検閲は、これをしてはならない」という規定に関係しそうですね。

先輩

よく勉強しているね。ざっくり言うと、「検閲」は、行政が表現物や表現行為を公表前に審査し、不適当と判断した表現を禁止すること。検閲で不適当とされた表現行為は、はじめから公表の場を失うので、表現の自由に対する侵害の程度が最も高い。なので、検閲は無条件で禁止されている。そして、厳密な意味での検閲に該当するものでなくても、表現行為の前にこれを制約することは原則として禁止されていると考えられる。これを「**事前抑制の原則禁止**」と言うよ。

後輩C

「原則」というからには「例外」もあるんですか？

先輩

「原則」ときたら「例外」を考える。これ試験で出るとこ（笑）。例外的に許される場合もあるけど、明確で厳しい要件の下に判断されるべきとする判例があるんだ。今回の件も、市民会館を利用した集会の利用不許可は、事前規制として厳しい審査基準で審査されることになるかもしれないね。

まとめ

先輩

そろそろ昼休みも終わりだから、簡単にまとめてみよう。これまで、①公共の施設の利用許可・不許可権限の根拠である「施設管理権」と、②集会開催主体の「表現の自由」に対する制約という、2つの視点から見てきたよね。①は、集会自体が平穏に行われる限りは、施設管理権は市民会館の利用を不許可とする根拠とはなりにくい。また②も、内容規制や事前抑制の禁止という点に該当する可能性があり、厳しい審査基準で審査されるね。

後輩A

じゃあ、明らかな差別的言動でも、見て見ぬふりをしなきゃいけないんでしょうか。

先輩

いいえ。ヘイトスピーチは、被害者に対して深刻な心の傷を負わせるものであり、許されないことは間違いない。ヘイトスピーチ解消法も、自治体に積極的な取組みを求めている。反面で表現の自由は、なるべく制約されるべきじゃない。「私はあなたの意見には反対だ。しかしあなたがそれを主張する権利は命をかけて守る」という言葉があるけど、表現の自由の本質を言い当てていると思う。仮に、市民会館の利用を不許可にするなら、条例などの法的根拠に基づいて、明確な要件・手続の下に行う必要があるということ。川崎市では、川崎市差別のない人権尊重のまちづくり条例で公共施設でのヘイトスピーチによる市民の被害を防止するため許可基準等を定めると規定して、ガイドラインを設けているから、参考にするといいんじゃないかな。ヘイトスピーチの解消は大変なことだけど、みんなで笑顔で暮らせるまちにするためにも真剣に議論して取り組む必要があるね。

表現の自由とヘイトスピーチ

1 「表現の自由」に対する制約と「施設管理権」の問題は?

　ヘイトスピーチを唱道する団体であることを理由に公共施設の使用を拒否できるか?

2 公共施設の利用申込みを拒否できる根拠

施設管理権から考える

　公の施設の施設管理権を理由として利用制限ができるのは、①施設をその目的のために適切に利用できる状態で管理することに支障がある場合、②他の利用者や住民の人権侵害のおそれがある場合、の2つの場合に限られる。これは、公の施設は、そもそも住民の利用に供することによって、住民の福祉や言論表現等に役立てることを目的としたものであり、施設管理権もその目的に沿って行使しなければならないから。

　つまり、施設が平穏に利用されることを前提とした場合、ヘイトスピーチを唱道する団体であることだけでは、施設管理権を根拠とする利用制限は難しい。

※法律や条令に「公の秩序又は善良な風俗」というような抽象的な文言（一般条項）が使われている場合、濫用しないように注意が必要。

3 施設利用者側の権利

表現の自由や集会の自由から考える

①表現の自由の「優越的地位」と「二重の基準」…表現の自由を含む精神的自由は、経済的自由と比較して、厳しい違憲審査基準で判断される必要がある。これは、精神的自由権は、個人の権利というだけでなく、民主的な政治プロセスを実現するための前提であり、しかも、侵害されやすく、侵害された場合には政治プロセスの中で修復することが困難だから。

②内容規制と内容中立規制…内容規制 ── 表現の内容（メッセージ）そのものを理由とした規制。内容中立規制 ── 表現内容ではなく、表現の時・場所・手段に着目した規制。※内容規制は、内容中立規制より厳しい審査基準で判断される。

③事前抑制の原則禁止の法理…表現行為が行われる前に表現行為を規制することは思想の伝達を妨げる効果が大きいので原則的に禁止される。

⇒本件の場合はどうか？…内容規制や事前抑制の原則的禁止に該当する可能性があり、厳しい審査基準で審査されることになる。条例などの法的根拠なしには利用拒否は難しいし、条例などがあっても、条例自体の合憲性が厳しく審査される。

4 ヘイトスピーチは見て見ぬふりをしていいのか？

みんなで考えてみよう。

住民訴訟における「違法」「不当」の考え方とは？

住民訴訟とは？

先輩　みんな集まったね。今日のテーマは「**住民訴訟**」。Ｃさんが調べてきてくれたので、発表よろしく！

後輩C　住民訴訟は、**地方自治法242条の2以下**に定められています。住民自身が原告となり、地方自治体に違法な財務会計行為がある場合に、その行為をした執行機関や職員に対し、行為の差止めや取消し、違法確認や是正などを求める訴訟のことで、**住民自治を具体化する制度のひとつ**です。

後輩A　住民が自治体を被告として提起する訴訟のすべてが住民訴訟だと思っていたけど、違うの？

後輩C　はい。住民が自治体に対し起こす訴訟は、たとえば行政訴訟なら、自分に対する処分が違法として処分の取消しを求める取消訴訟などがありますが、**原告の住民自身に関する行政処分であること**が必要です。民事訴訟であれば、自治体の行った違法行為で損害を被ったと国家賠償法に基づき賠償を求める訴訟などがありますが、これも原告は現実に損害を被った住民に限られます。これに対し住民訴訟は、自治体の行為によって**直接自分の権利義務が影響されない住民でも自ら原告となり訴訟を提起できる**のが特徴です。

先輩　補足すると、住民訴訟が認められるのは地方自治体だけで、国との関係では住民訴訟に相当する制度はないよ。

後輩B　なぜですか？

先輩　憲法第6章の司法権の議論に関係するけど、本来的な司法権の対象は「法律上の争訟」つまり「法令を適用することで解決し得るべき権利義務に関する当事者間の紛争」と理解するのが最高裁判例。ここから、住民訴訟が「権利義務に関する当事者間の紛争」に当たるかという問題がある。住民訴訟は、自治体の財務会計行為により自分の法的利益が侵害されていない住民も提起できるので、原告は「権利義務に関する当事者」ではない。最高裁判例の立場だと、住民訴訟は本来的な司法権の対象ではないとされているよ。

後輩C　このように、個人の権利利益の保護を目的とせず、違法行為の是正や行政の適法性の確保を目的とする訴訟を「**客観訴訟**」っていうんですよね。

先輩　そう。「客観訴訟」は法律に定めがある場合にのみ認められるんだけど、国の違法行為については、住民訴訟のような制度を定める法律はない。その理由を簡単に説明すると、国の違法行為は国会で是正するのが本筋だから、ということ。住民訴訟は、本来的には司法権の範囲には属さないけど、地方自治法によって裁判所の権限とされているということだね。

後輩B　客観訴訟である住民訴訟が認められるのは、住民自治の理念からということでしょうね。でも、財務会計行為に限定されるのはどうしてですか？

先輩 住民訴訟の沿革に関係するね。Cさん、どう？

後輩C 住民訴訟制度は、米国の納税者訴訟（taxpayer's suit）をモデルにしています。米国は納税者意識が非常に高く、納税者が納めた税の使い道を自分たちでチェックできるのが当然との考えがあります。住民訴訟は、この納税者訴訟がモデルなので、対象が財務会計行為に限定されています。

先輩 まあ、ほぼすべての自治体の施策には何らかの支出行為が伴うので、実際は**自治体の施策全般に住民訴訟によるチェックが及ぶ**と言っていいね。

住民訴訟の手続と、「不当」「違法」の違い

後輩C 次に、住民訴訟の手続ですが、「<u>監査請求前置主義</u>」といって住民訴訟に先立ち住民監査請求が必要です。これは自治体の住民が、執行機関や職員の違法・不当な財務会計上の行為等の予防や是正を求める制度で、監査委員に監査を求めます。監査請求が棄却された場合や、措置の勧告が無視された場合、監査請求から60日以内に監査結果の通知がない場合などに住民訴訟を提起でき、原告となれるのは監査請求をした住民のみで、期間制限もあります。監査請求が棄却された場合なら、監査の結果の通知があったときから30日以内に住民訴訟を提起しなければなりません。監査請求の場合は、「不当な」財務会計行為等も対象ですが、住民訴訟の場合は「違法な」財務会計行為等に限られることに注意が必要です。

後輩B 「<u>違法</u>」や「<u>不当</u>」は、行政不服審査と行政訴訟でも出てきますね。行政不服審査は「違法または不当な処分・裁決」が対象

だけど、行政訴訟では「違法な処分・裁決」でなければ取消しの対象とならないとか。今ひとつ「違法」と「不当」の違いがわかりません。

後輩C

一言で言うと、「違法」は憲法その他法令に反すること、「不当」は違法までではなくとも妥当性を欠く、不合理であること、と説明されます。

先輩

一般的にはCさんの理解でOK。ただ、**行政法上の「違法」「不当」は、必ずしもはっきり区別できない**。たとえば、ある行政処分の際に行政庁に一定の裁量が認められる場合、処分が行政庁の裁量の範囲内でされたと言えるなら通常は違法と判断されない。でも同様の事例で行政処分された前例がなく、これと異なる事情が特に見当たらないのに処分されたら、違法な処分との判断もあり得る。また、処分の必要性や理由を行政庁が事実に基づいて合理的に説明できない場合「行政庁の裁量権の逸脱・濫用」と評価され、違法と判断されることもあり得る。「違法」「不当」は全く別のものというわけではなく、単に量的な違いという面もあるよ。

後輩A

なんだか難しいですね〜……。

先輩

そう。ただ行政担当者としては、担当する業務が「違法」にも「不当」にもならないようにしなくちゃいけないよね。処分を検討するときに、それが行政庁の裁量の範囲内と言えるか（違法）、裁量の範囲内であっても具体的事情に照らし合理的判断と言えるか（不当）に注意しなくちゃね。そしてその**判断の理由をきちんと説明できないといけない**。実際、監査部門では住民監査請求を、法務部問では住民訴訟の事案を扱うけれど、担当部局で判断の実質的な理由を明らかにしてくれないことが

あって、そういう事案はいろいろ大変……。「記録が残ってない」とか「当時の担当者が退職していてわからない」とか……残念なケースがたくさんあるよ。

住民訴訟の類型

後輩C

ええっと……次に、住民訴訟の類型についてです。**住民訴訟は請求内容で4類型に分かれ、地方自治法242条の2第1項の1号から4号に規定**されています。まず同項1号。違法な財務会計行為の前に、執行機関を被告としその行為の差止めを求めるもので、「1号訴訟」とか「1号請求」と言われます（以下「○号訴訟」で統一）。次に同項2号。違法な財務会計行為の後、執行機関を被告としその行為の取消しや無効確認を求めるものです。さらに同項3号は、財産の管理や公金の賦課徴収を違法における不作為がある場合、執行機関を被告とし、その事実が違法であると確認を求めるものです。最後に同項4号は、首長や職員が違法な財務会計上の行為を行った場合や財産の管理等を違法に怠った場合、損害賠償等を求めるものです。

先輩

4号訴訟はさらに2つの類型があるね。

後輩C

はい。①首長を被告とし違法な財務会計上の行為をした職員または違法に財産の管理などを怠った職員に損害賠償請求権や不当利得返還請求権の行使を求める類型、②首長を被告として違法な財務会計上の行為の相手方または違法に財産の管理などを怠ったことによる相手方に対する損害賠償請求権や不当利得返還請求権の行使を求める類型の2つがあります。

後輩B 4号訴訟で、原告である住民の勝訴判決が確定した場合、その後はどうなるんでしょうか？

後輩C 首長が支払義務を負う職員や相手に対し、損害賠償請求や不当利得返還請求をします。職員や相手方が応じない場合、自治体が当該職員や相手を被告とする訴訟を提起しなければなりません（地方自治法242条の3）。このように4号訴訟の場合、2つの訴訟が段階的に予定され、前者を第1次訴訟、後者を第2次訴訟という場合があります。

後輩A たとえば首長が違法な財務会計上の行為を行って、首長が自治体に賠償責任を負う場合、第2次訴訟は首長が原告と被告の両方を兼ねるんですか？

後輩C その場合、代表監査委員が自治体を代表し原告になります（地方自治法242条の3第5項）。

先輩 以前は違っていたんだけどね。

後輩A どういうことですか？

先輩 4号訴訟が今の形になったのは2002（平成14）年の地方自治法改正によるもので、以前は1段階の訴訟だけで済んだの。改正前は原告の住民が、地方自治体に代わって、自治体に損害の賠償や不当利得の返還をするよう、職員や相手方に対して求める訴訟を起こせたんだよ。

後輩C 改正前のほうがどちらかと言えば単純明快ですよね。どうして、複雑な仕組みに改正したんでしょうか？

先輩 改正前は、実際に提起される住民訴訟のうち 4 号訴訟が 7 割程度を占めると言われていたよ。ただ、4 号訴訟は、自治体の首長や職員が住民訴訟での責任追及をおそれ事なかれ主義になってしまうとか、個人では到底負担できない巨額の賠償責任を負いかねない弊害が指摘され、これに対応するため改正が行われた経緯があるんだ。

4号訴訟の現代的問題とは？

先輩 改正後の 2 段階訴訟の仕組みでは、第 1 次訴訟で原告となった住民は第 2 次訴訟に参加できない。これでは住民自身が自治体の財務会計行為を直接チェックし是正する住民訴訟の意義を損ねることになるとの批判があるよ。改正法施行の当初から、首長など個人の賠償請求権が判決で認められ、控訴審や上告審で争う間に、議会が地方自治法 96 条 1 項 10 号の「権利の放棄」として、首長等への賠償請求権を放棄する議決を行う事例が相次いだよ。

後輩C そういう議決がされると訴訟に影響するんですか？

先輩 権利放棄の議決が有効だとすれば、住民訴訟は「訴えの利益を欠く」として却下判決がされ、住民訴訟自体が意味をなさなくなってしまうわ。確かに、違法な財務会計行為がされた場合、個人が全額の賠償責任を負うのは行き過ぎだけど、違法な財務会計行為をチェックし是正する住民訴訟の本来の意味を失うのも罪深いわね。こうした議会による権利放棄議決が法的に許されるかは、最高裁が 2012 年 4 月に相次いで判決を下し、個々の事案や事情を総合的に判断し、請求権の放棄が地方自治法の趣旨に照らして不合理で、議会の裁量権の逸脱・濫用に当たる

場合は、議決は違法・無効になるとした（最高判平成 24 年 4 月 20 日など）。また、2017（平成 29）年の地方自治法改正では、首長や職員の賠償額の上限を条例で定めることができ、議会が請求権放棄の議決をするのは監査委員から意見を聞いたうえでしなければならないこと（地方自治法 243 条の 2 第 1 項）などが盛り込まれたんだ。

後輩A　先輩は法務部で、住民訴訟対応の苦労も多いですよね。住民訴訟、ぶっちゃけどう思います？

先輩　確かに住民訴訟の対応は大変だし、中には「言いがかり」もないわけじゃない。ただ、住民自治を実現するために、住民訴訟は大きな意味があると思う。住民参加により行政の違法を是正するという役割と、過大な賠償責任で行政が萎縮しないようにという要請とのバランスを、常に考える必要があるね。賠償責任保険に入っておくことも自治体として検討する必要があるでしょうね。

後輩A　今まで、住民訴訟ってよくわからなかったけど、住民が正しく利用し、自治体の側もきちんと受け止めることができれば、違法行為の是正も期待できて、**住民にとっても自治体にとっても「win-win な制度」**になるってことですね。

先輩　A さん、素敵なまとめだね。座布団 1 枚！

住民訴訟とその課題

1 住民訴訟の特徴

　住民自身が原告となって、地方自治体に違法な財務会計行為がある場合に、その行為を行った執行機関や職員に対し、行為の差止めや取消し、違法確認などを求める訴訟。

① **客観訴訟** …住民を原告、自治体を被告とする訴訟（行政訴訟、民事訴訟）は、原告自身の権利義務に関するものでなければならないのに対し、住民訴訟では、原告である住民自身の権利義務に影響がなくても提起できる。
　住民による自治体の違法行為の是正（住民自治の現れ）
　客観訴訟は、憲法上の司法権の本来の守備範囲ではないが、法律によって裁判所に判断権が与えられている。

② **財務会計行為に限定** …米国の納税者訴訟をモデルにしたことに由来。

2 住民訴訟の手続

①住民監査請求前置主義
②期間制限あり
③「違法な」財務会計行為に限定（※違法でなければいいわけではない）

3 住民訴訟の類型

①1号訴訟　事前差止め
②2号訴訟　違法行為の取消し・無効確認

③3号訴訟　不作為の違法確認
④4号訴訟　損害賠償等

4 4号訴訟について深掘り！

① **平成14年の地方自治法改正前** …訴訟は1つ（代位訴訟
　＝住民が自治体に代わって、相手方に対して自治体に賠償
　等をするよう求める訴訟）。
②平成14年地方自治法改正により、（1）首長に対し損害賠
　償請求権等の行使を求める訴訟（第1次訴訟）と（2）自
　治体が相手方に損害賠償等を求める訴訟（第2次訴訟）の
　2段階構造に。ここで、責任追及をおそれた「事なかれ主
　義」、巨額の賠償責任等の弊害の指摘。

5 4号訴訟の現代的課題とは？

①第2次訴訟では、住民が訴訟に参加できない。
②議会による「権利放棄」議決⇒住民訴訟の意義を損ねるの
　では？
③平成24年最高裁判決（議会の権利放棄議決の有効性につ
　いて）、平成29年地方自治法改正（賠償額の上限を条例
　で定めることが可能、権利放棄議決には監査委員の意見聴
　取が必要）を考慮する必要がある。
④住民参加による行政の違法是正という住民訴訟の役割と、
　過大な賠償責任によって行政が「事なかれ主義」にならな
　いようにという要請との間で、どうバランスをとるべきか？

滞納問題に相続が絡む複雑な請求はどうする?

債権管理における「保証」とは?

先輩 さて、住宅政策課のAさんが業務の中で困り事があるそうなので、今回はそれを検討してみよう。Aさん、簡単に説明してもらえる?

後輩A はい。私が担当している市営住宅の業務で、入居者のXさんが賃料の支払を滞らせ、何度連絡しても「待ってくれ。」の一点張り。そんな状況で、Xさんが不慮の事故で亡くなってしまったんです。亡くなったことは残念ですが、**未払賃料を回収する手立て**を考えています。これが使用許可書と契約書のコピーでして……。

後輩B えーと、「**保証人**」がいますね? 契約で保証人は必ずつけてもらいますもんね。

後輩A はい。親戚の方が保証人でした。保証人の方に連絡しようと思ったのですが、実は担当になって日が浅くて。保証人に請求できるのがどんな場合かよくわかっていないんです。

先輩 じゃあまず、「**保証契約**」の基本的なところだね。確認だけど、「**債権**」とはどんなものかな?

後輩A えーと、お金などを請求する権利のことかと。

先輩　正確に言うと、**契約など法的な原因で発生する、特定の義務者に一定の給付を請求する法的な権利を「債権」**という。契約以外の債権の発生原因は、「不法行為」「事務管理」「不当利得」だけど、代表的なのは「契約」、つまり当事者の意思の合致で成立する法律行為のことだね。たとえば、売買契約は「売りたい」「買いたい」意思の合致で成立し、これで売主には買主に「代金を支払え」と請求できる債権が発生し、買主には売主に「商品を引き渡せ」と請求できる債権が発生する。さて、今回の事案でK市とXさんの間で成立している契約は何かな？

後輩B　実質的には「賃貸借契約」ではないでしょうか？

先輩　その通り。今回の事案なら、当市（K市）が貸主として、市営住宅を借主（Xさん）に使用させ、借主が対価の賃料を支払う契約が成立している。**K市はXさんに「賃料を支払え」という請求をする債権（賃料債権）を、XさんはK市に「市営住宅を使わせろ」という請求をする債権（使用請求権）をもっている。**では、この契約書に記載された「保証人」とK市との関係はどうなる？

後輩C　保証人は、貸主が借主に請求しても支払がない場合に、借主の代わりに賃料を支払わなければならない立場に立つのではないでしょうか。

先輩　今回はその回答だと少し不正確。Aさん、契約書の保証の条項に何と書いてあるか読んでみて。

後輩A　えー、**「保証人は、借主と連帯して、本契約の債務を履行する責任を負う。」**となっています。

「連帯して」の意味とは？

先輩

その「**連帯して**」が重要。保証とは、第三者が有している特定の債務を、本来の債務者（「主債務者」）以外の者（「保証人」）が主債務者に代わって債務を履行する責任を負う契約（「保証契約」）のこと。

ただ、**保証には種類があり、主債務者が債務を履行せず、主債務者の財産から満足を得られない場合にはじめて責任を負う「単純保証」と、債務者と全く同様に債務を履行する責任を負う「連帯保証」がある。**単純保証は、保証人に「催告の抗弁権」（民法 452 条、まずは主債務者に債務の履行を催告せよと抗弁する権利）と「検索の抗弁権」（民法 453 条、まずは主債務者の財産を執行せよと抗弁する権利）があり、二次的責任を負うのみ。一方、**連帯保証は、保証人に抗弁権がないので**（民法 454 条）、**債権者としては主債務者と連帯保証人に同時に債務の全部の履行を請求もできるし、**主債務者に請求せず**連帯保証人のみに請求してもいいよ。**

後輩B

連帯保証だと保証人も重い責任を負うのですね。安易に保証人になるのは危険ですね……。

先輩

そうだね。保証契約が単純か連帯かは契約の解釈の問題だけど、契約書に「連帯して」という文言がある場合、実務的には保証人の責任を連帯保証と考えるのが一般的だよ。つまり、今回の事案の保証人と K 市との間には、連帯保証契約が締結されているということになるね。

後輩A

つまり K 市が保証人に賃料の支払いを求めることに法的な問題はないということですね！

先輩　そういうこと。ついでに確認だけど、契約書には「**極度額**」の定めはある？

後輩A　えーと……ここに、「保証人の責任の限度額は50万円とする」ってありますが、このことですかね。

先輩　そう。現在の民法（平成29年法律44号改正後）は、令和2年4月1日以降の契約については、一定の範囲に属する不特定の債務を保証する「**根保証契約**」を個人が行うとき、**極度額の定めを置かないと保証契約自体が無効になる**（民法465条の2第1項、同条2項）。賃貸借契約のように月々の賃料の支払がある場合、保証人が責任を負う範囲も予想以上に大きくなる可能性があるから、そうした予期しない債務の負担を避けるため、根保証契約における保証人の責任の限度額、つまり極度額を定めることが必要になっているよ。今回は極度額の定めがあるから問題なく保証人に請求できるけど、他の件も注意して契約書を確認しておく必要があるね。

債権債務と相続

先輩　さて、ここまで保証人への請求を検討したけど、他のアプローチを思いつく人は？

後輩B　Xさんが亡くなって相続が生じているので、**相続人への請求**が考えられるのではないでしょうか？

先輩　そうだね。Xさんが亡くなって、Xさんには相続が発生している。Aさん、Xさんの家族については把握している？　相続人はわかるかな？

後輩A えーと、前任者の引き継ぎメモによると、離婚した元妻との間に子どもがいて、離婚した際に元妻が引き取って以降、何年も会っていないとか。その子どもは、離婚の際にXさんは親権者になっていないから……この場合相続人になるのかな？

先輩 相続の話をするとき、**亡くなった人を「被相続人」、被相続人の「遺産」を受け取る人を「相続人」**というのだけど、相続人は法律で決まっていて、簡単にまとめると、①被相続人の死亡時に婚姻関係にあった配偶者（夫や妻）は常に相続人となる（民法890条）。②被相続人に子がいる場合、子が相続人となる（民法887条1項）。③被相続人に子がいない場合、被相続人の直系尊属（父母、父母がいなければ祖父母等）が相続人となる。（民法889条1項1号）④被相続人に子も直系尊属もいない場合、兄弟姉妹が相続人となる（民法889条1項2号）。⑤相続人になり得る子や兄弟姉妹が被相続人より前に死亡した場合、子や兄弟姉妹に子がいれば、本来の相続人の代わりに相続人となる（代襲相続。民法887条2項、889条2項）。

相続人になる子については、実子か養子かは影響しないし、離婚して他方の親が親権者になった事情も関係ないよ。ちなみに、亡くなったXさんのお子さんは何人？

後輩A そこまではわからないです……。それはどう確認すればいいのでしょうか……。

先輩 相続人を正確に把握するには、被相続人の戸籍を確認する必要があるね。戸籍を見れば、配偶者や子、親や兄弟姉妹などの家族構成を確認できる。ただし戸籍は、転籍（本籍地が変わること）や、結婚などの場合に新たに戸籍が編纂されるので、被相続人が死亡した記載がある**「被相続人が死亡した記載がある戸籍」**

だけでは、被相続人の家族をすべては確認できないから、相続人を確定するために、**被相続人の「生まれてから亡くなるまでの戸籍」をすべて集める必要**があるよ。

後輩B

その方法で相続人を確認したら、その相続人に未払賃料の請求をすることもできるわけですね。

先輩

その通り。相続人は、その人のみが行使またはもつことのできる権利、たとえば親権、扶養請求権などの「**一身専属権**」を除き、被相続人の権利義務を包括的に引き継ぐことになるので（民法896条）、相続人は相続分に応じ賃料支払義務を引き継ぐ。ただし、家庭裁判所で相続放棄の手続をした相続人は一切の権利義務を承継しないから（民法938条～940条）、賃料請求はできない。さてAさん、この後どう対応する？

後輩A

はい！　保証人へ請求の連絡をしつつ、戸籍を集めて相続人を確認し、相続人にも連絡をします！

後輩C

あの……ちなみに、**相続人も保証人も支払の意向を示した場合**はどうするのでしょうか？

求償権とは？

先輩

それなら、「**求償権**」を学ぶ必要もあるね。保証人が主債務者の代わりに弁済したとき、主債務者と連帯保証人の関係は法的にはどうなると思う？

後輩B

保証人は、「代わりに支払ったのだから支払った金額分は返してくれ。」と言いたいところかなあ。

先輩

そうだね。主債務者やその相続人が弁済したら保証人も債務を免れて問題は生じないけど、保証人が主債務者の代わりに弁済した場合、保証人は弁済した額の返還を主債務者に請求できる「求償権」を取得することになるよ。

後輩B

すると、相続人と保証人が弁済の意向を示したとき、相続人が支払った方が、後から保証人との間の清算関係が生じず簡明に解決できますね。

先輩

回収担当者がそこまで気を配れるといいね。

相続人の支払の意向は？

先輩

さて、前回の続きを始めよう。Aさん、Xさんの件に進展は？

後輩A

えーと、まず保証人の方に連絡しましたが、返事がありません。次に相続人に連絡すべくXさんの戸籍を取得したら、**XさんにはYさん、Zさんという2人のお子さんがいらっしゃる**ようです。

先輩

すると、相続人は子ども2人だね。それぞれの相続分はどういう割合かな？

後輩B

今回の場合、お子さんたち2人は同順位の相続人なので、平等に1/2ずつですね。

先輩

その通り。ついでに、Xさんに配偶者がいたとしたら相続分はどうなるかな？

後輩B

法律上、配偶者の相続分は1/2、残りは同順位のお子さんたちが等しい割合で相続するので、**お子さんたちの相続分はそれぞ**

れ 1/4 です。

先輩

そうだね。ちなみに、相続人が配偶者と直系尊属、つまり被相続人の両親などの場合、配偶者が 2/3、直系尊属が 1/3。相続人が配偶者と被相続人の兄弟姉妹の場合は、配偶者が 3/4、兄弟姉妹が 1/3 とされている。**同順位の相続人が複数いる場合は、同順位の相続人全体の相続分を等しい割合で分ける**ことになるよ。

後輩C

なるほど。ところで、A さん、相続人の 2 人には連絡してみましたか?

後輩A

はい。Y さんに連絡できたので、支払の意向を確認したら、最近就職したばかりで支払いは難しいそうです。Z さんは未成年でまだ学生。でも、先日、X さんの元妻で Y さん・Z さんの母である W さんから連絡を受けました。なんでも、X さんが掛けていた生命保険の保険金の受取人が Y さんで、Y さんと話し合った上で、その保険金の中から未払賃料を支払いたいと言ってくれました。ただ……賃料債務のような金銭の支払を内容とする債務は、被相続人が亡くなった時点、つまり相続が開始した時点で相続人に法定相続分に応じて当然に分割され、各々が相続分相当の支払をすればよいようで。そうすると、Y さんは未払賃料の合計の 1/2 の支払義務しか負っていないので、Y さんから全額支払を受けていいのかどうか……。

先輩

その悩みは今日のテーマで解決できそうだね。「**債務引受**」について、B さん調べてきてくれたかな?

「債務引受」とは？

後輩B はい。**債務者の債権者への債務を、同一性を保持しつつ第三者である引受人が引き受ける契約**のことです。債務引受には、債務引受により本来の債務者が債務を免れない「**併存的債務引受**」と、本来の債務者が債務を免れる「**免責的債務引受**」の2つの方法があります。

後輩C あ、そうか！　Zさんの債務をYさんに債務引受してもらえれば、相続分に関わらず、Yさんから全額支払を受けることに問題ありませんね。

先輩 そうそう。さて、債務引受はどんな方法で行うことになるか、Aさんわかるかな？

後輩A えーと、債務引受の場合は、債権者、債務者と、債務を引き受ける引受人の三者が当事者になるから、三者間で合意する必要があるのでは……。

先輩 債務引受は契約の一種で、もちろん三者で契約できれば問題ないけど、法律上はそれ以外にもいくつか方法があるよ。併存的債務引受は、①債権者と引受人との契約（民法470条2項）、または②債務者と引受人との契約と債権者の引受人に対する債務引受の承諾（民法470条3項）で行えるとされている。免責的債務引受なら、❶債権者と引受人との契約と債権者の債務者に対する債務引受の通知（民法472条2項）、または❷債務者と引受人との契約と債権者の引受人に対する債務引受の承諾（民法472条3項）で行える。それぞれの違いとして、免責的債務引受の場合は必ず債権者の同意が必要だけど、なぜかわかる？

後輩B 併存的債務引受の場合は債務者が増える、つまり請求できる対象が増えるから、債権者の不利益は基本的には想定されませんが、免責的債務引受の場合債務者が交代するので、**引受人の財産状況等によっては債権者にリスクが生じる**からですか。

先輩 その通り。併存的債務引受の場合、債務者と引受人は連帯債務を負う。つまり債権者としては、債務者と引受人のうち一方に全額を請求できるし、双方に対して一部の金額を請求もできる（民法436条）。免責的債務引受の場合は、文字通り、本来の債務者の債務は免責になるので、その後は引受人にしか請求ができないよ。

後輩B 今回は、併存的債務引受でも免責的債務引受でも問題なさそうですが、Zさんは未成年ですし、債権者であるK市と引受人であるYさんの合意だけで成立する**併存的債務引受**がよさそうですね。

先輩 そうだね。ちなみに、自治体法務特有の問題もあって、免責的債務引受は本来の債務者に対する「**債務免除（債権放棄）**」を伴うから、自治体の財産を放棄するのと同様、別途そのための手続（議会の議決）が必要になるよ。その意味でも併存的債務引受の方法をとるほうがいいね。

後輩A なるほど、じゃあYさんとその方向で話をしてみます。ところで、債務引受の契約書ってどう作ればいいんでしょうか……。

先輩 本来であれば自分で作ってみなさいと言いたいけど、かわいい後輩たちのために債権者と引受人で取り交わす文書のひな型を作ってみたから参考にしてみて。

後輩A 至れり尽くせり、ありがとうございます！

自治体における債権管理

1 債権とは

① 定義

『債権』…契約等の原因によって発生する、特定の人（債権者）が特定の義務者（債務者）に対し、一定の給付（金銭の支払い、物の引渡し、役務の提供など）を請求する権利。

『債務』…債権に対する概念で、一定の権利者に対して、一定の給付を行う義務。

※債権の発生原因は、「契約」（民法521条〜696条）、「不法行為」（民法709条〜724条の2）、「事務管理」（民法697条〜702条）、「不当利得」（民法703条〜708条）。

② 多数当事者の債権・債務

『連帯債務』…複数の債務者が同一内容の給付について、それぞれ独立に債権者に対して全部の給付をする債務を負い、一人が弁済すれば他の債務者も債務を免れる債務（民法432条〜435条の2）。

『保証債務』…A（主債務者）がB（債権者）に対して債務（主債務）を負っている場合に、C（保証人）とBの間の契約で、CがAに代わってAの債務を履行をする旨の債務を負担した場合の、Cの債務（民法446条〜465条）。「催告の抗弁権」（民法452条）・「検索の抗弁権」（民法453条）があり、その責任は二次的（保証債務の補充性）。

『連帯保証債務』…『保証債務』のうち、「催告の抗弁権」・「検索の抗弁権」のない保証債務（民法454条）。

2 債権・債務の承継

① 相続による債権・債務の承継

債権・債務（一身専属権を除く）は、債権者・債務者の死亡によって、相続人が承継する（民法896条）。

② 法定相続人

ルール❶ 配偶者（夫や妻）は常に相続人（民法890条）。

ルール❷ 実子・養子がいれば、相続人となる（民法887条1項）。

ルール❸ 子どもがいない場合、直系尊属（父母等）が相続人となる（民法889条1項1号）。

ルール❹ 子ども、直系尊属がいない場合、兄弟姉妹が相続人となる（民法889条1項2号）。

ルール❺ 相続人になり得る子や兄弟姉妹が被相続人より前に死亡した場合、その子や兄弟姉妹の子ども（被相続人からみれば孫や甥・姪）がいれば、本来の相続人の代わりに相続人になる（代襲相続。民法887条2項、889条2項）。

③ 法定相続分

相続人の構成に応じて以下のような割合となる（民法900条）。

❶ 配偶者 1/2 子ども 1/2

❷ 配偶者 2/3 直系尊属 1/3

❸ 配偶者 3/4 兄弟姉妹 1/4

※同順位の相続人が複数いる場合は、同順位の相続人の全体の相続分を等しい割合で取得。

3 債務引受とは

① **定義**

『債務引受』…債務者Bの債権者Aに対する債務を、その同一性を維持しつつ引受人Cが引き受ける契約（民法470条〜472条の4）

② **債務引受の方法**

❶ 併存的債務引受（旧債務者が債務を免れない）

ア 債権者Aと引受人Cとの契約（民法470条2項）

イ 債務者Bと引受人Cとの契約＋債権者Aの引受人Cに対する債務引受の承諾（民法470条3項）

ウ 債権者A・債務者B・引受人Cの三者による契約

❷ 免責的債務引受（旧債務者が債務を免れる）

ア 債権者Aと引受人Cとの契約＋債権者Aの債務者Bに対する債務引受の通知（民法472条2項）

イ 債務者Bと引受人Cとの契約＋債権者Aの引受人Cに対する債務引受の承諾（民法472条3項）

ウ 債権者A・債務者B・引受人Cの三者による契約

※自治体の有する債権の管理を怠れば、住民監査請求、損害賠償請求等の責任追及があり得る。「併存的債務引受」を活用した債権回収もひとつの方法である。（※免責的債務引受は債権放棄などの免責手続が必要となるため、自治体の債務管理ではあまり用いることはない。）

【資料】

債務引受書

債権者甲は、下記債務を承認し、引受人丙は、債務者乙の債務を引き受けることについて、以下の通り合意する。合意成立の証として、本書3通を作成し、甲、乙及び丙が各1通を保管する。

第1条（債務の承認）

 乙は、甲に対し、下記借入金債務を負担していることを承認する。

記

（借入金債務）

借入年月日	令和●年●月●日
元　　　金	金1,000,000円
返　済　日	令和●年●月●日
利　　　息	年8パーセント
損　害　金	年14.5パーセント

以上

第2条（債務引受）

 甲、乙及び丙は、乙の負担する前項の債務を、丙が併存的に（or 免責的に）引き受けることを合意した。

<u>第2条の2（債務の免責）</u>※第2条で免責的債務引受とした場合に設ける

 <u>甲及び乙は、第2条の債務引受により、乙が第1条第1項の借入金債務を免れることを確認する。</u>

第3条（支払方法）

 乙及び丙は、甲に対し、第1条の債務を、令和●年●月●日までに、　●●の方法により支払う。

令和●年●月●日

契約上のトラブルが起きたらどうする？

トラブルは避けられない？

先輩　今日のテーマは「**契約**」。自治体も、行政サービスの提供、市民の利便性向上、コスト削減などさまざまな理由で、私企業や私人と契約を締結するね。反面、契約を巡りトラブルもあるよね。

後輩A　あります！　幸い、小さなトラブルで処理できたからよかったけど、**契約をめぐり相手方から訴訟**を提起されたり、時には住民訴訟を提起されるとも聞きます。某訴訟大国では、すんごい細かくて分厚い契約書を作ったりするって聞いたことも……。

後輩B　ただ、ガチガチに契約の内容を固めると、即契約違反にもなりかねず、**柔軟性がなく、デメリット**な気もします。

先輩　どちらもその通り。トラブルは起きないほうがいいけど、残念ながら完全には避けられない。トラブルが発生しないよう事前に注意しつつ、もしものときにはどうするかを考えておこう。

契約自由の原則とは？

先輩　さて、「契約」に関する一般な法律は民法だけど、その中で、どのような規律がされているかな？

後輩A　はい！　民法では、原則として契約は当事者間の自由とされています。えっと、**民法521条1項**「何人も、法令に特別の定

めがある場合を除き、契約をするかどうかを自由に決定することができる。」、**2項**「契約の当事者は、法令の制限内において、契約の内容を自由に決定することができる。」とあって、これが「契約自由の原則」です。ここから、私人間では、契約する・しないや、相手・内容・方式などは、**原則、契約当事者の自由**なんです。もちろん法令の範囲内って制限はありますが。

先輩

そう。**契約自由の原則**、それが民法上の基本的な姿勢。では、自治体と私人・私企業との間では、どうなるかな。Cさん！

後輩C

はい。自治体と私人の間の契約も民法は適用されますが、**契約の自由の原則は私人間よりも制限が多い**です。たとえば、自治体が経営する水道事業では、供給契約の締結を拒めないので、契約締結の自由が制限されています（水道法15条1項）。

後輩B

相手方も制限されますよね。地方自治法234条1項から3項では、自治体の職員が好き勝手に契約の相手方を選べないよう原則入札によることを規定しています。

先輩

二人とも説明ありがとう。そのほかにも、自治体が締結する契約は、私人間で締結するものより契約の自由の原則にかかる制限は大きいんだ。その理由はわかる？

後輩C

地方公共団体は、住民の福祉の増進を図ることが基本ですし（地方自治法1条の2）、財源も税金を使う以上、私人間の契約以上に、公共性・公平性・公正性・明確性が必要だからです。

後輩B

民法521条1項の「法令に特別の定めがある場合」や、2項の「法令の制限内において」という規定が、私人間よりも大きくなるイメージですね。

設問1 　本件委託には、どういった問題点がある？

先輩　自治体の契約は、私人間よりも契約の自由に対する制約が大きいと押さえ、設問1を見よう。この①〜④、どこが問題かわかるかな。（114 p【設問1】）

後輩A　①は、戸籍には個人の出生・死亡、婚姻など重要な情報があります。こうした重要な個人情報が第三者の受託業者に流出することは、**プライバシー保護の面から問題**かもと思いました。

後輩B　②は、市民の利便性向上のための民間委託が、かえって長びかせ**利便性を阻害している点**が問題。この点は、地方自治法2条14項「地方公共団体は、その事務を処理するに当つては、住民の福祉の増進に努めるとともに、最少の経費で最大の効果を挙げるようにしなければならない。」、15項「地方公共団体は、常にその組織及び運営の合理化に努める」の規定に反するのでは？

後輩C　③だと、戸籍法上の「受理」は、戸籍事務管掌者の市区町村長が提出された届出等の書類を適法と判断し受領を容認する「行政処分」と解されているので、受理決定も、市区町村長が届け出られた届出等が民法や戸籍法所定の要件を具備しているとの審査のうえでされる必要があります。そのため、もし受託業者が、**権限のある自治体職員の審査前に自ら受理決定しているとしたら、問題**ですよ。

後輩B　④は、本件委託の法的性質は、窓口業務の一部の仕事を、受注者が完了を約束し、これに注文者が報酬を払うので、民法上の「請負」契約です。請負契約の場合、注文者の自治体と、請負人の受託業者間に指揮命令関係はないので、仮にこの「疑義照会」が、事実上自治体から受託業者への指揮命令に該当したら、

「請負」ではなく「労働者派遣」の性質を帯びます。労働者派遣事業は、厚労大臣の許可が必要なので、もし受託業者が労働者派遣事業の許可を受けていない場合は、労働派遣事業の適正な運営の確保及び派遣労働者の保護等に関する法律（以下「労働者派遣法」という）24条の2に違反する可能性があります。

先輩　おー！　完璧！　もしかして元ネタの裁判例（東京地判平成31年3月1日）を見つけて予習してくれたかな。

後輩A　はい！　それにしてもたったひとつの契約で、憲法、個人情報の保護に関する法律、地方自治法、戸籍法、行政法、労働法、労働者派遣法、委任に請負。こんなに法知識が必要なのってちょっとうんざりでした。

先輩　そう、この設問の着目ポイントは、まさにそこなんだ。自治体と私人の間の契約は、単純に民法だけの問題ではなくて、他にもたくさんの法律が関係してくる。だから契約を取り交わすとき、いろいろなアンテナを張っておく必要があるんだよ。

後輩A　でも日本って、すごい数の法律がありますよ。法律だけじゃなく政令、勅令、省令、規則、云々……で、アンテナなんてどう張ればいいんですか？

後輩C　こうして自主勉強するのも役立ってます。自分の部署の業務だけだと扱う法律は偏るので、他部署の人と何が問題になったか、どう対処したかを聞くだけでも、考えるとっかかりができますし。

先輩　そう、広く浅く、さまざまな法知識に触れておくのは、法務を勉強するうえでとても役に立つんだよ。さて、次の設問2にいこうか。ただその前に、一般的に、契約をして、その内容が契約の通りに履行されない場合の責任は、何があるかわかるかな。

後輩B 一般的に、民法415条が定める債務不履行責任です。債務者が債務の本旨に従った履行をしないとき、それにより生じた損害を損害賠償請求ができます。この場合、債務者に故意または過失があることが必要です。

先輩 そう。場合により契約を一方的に解除もできる。では設問2だけど、どんな対応方法があるかな。（114 p【設問2】）

設問2 受注業者の責任は？

後輩B 今回は、受注業者が道路の設置という仕事の完成を約束し、自治体が報酬を払う契約なので、**請負契約**です。そして、今の流れでいうと請負契約の内容のひとつとして、砕石を50センチ敷くはずだから、40センチなのは契約に適合してません。すると、まずは受注業者に対しもう10センチ砕石を敷くよう履行の追完を求める、でしょうか。

後輩C 掘ったら想定より地盤が硬くて敷くことができなかった、追完も不可能という場合もありえます。その場合、追完を求められないから、報酬の減額請求で対応することもあると思います。

後輩A なんか、地盤が硬いせいで、受注業者のせいじゃないのに責任とらされるって、酷な気もしますが……。

後輩C 受注業者は工事完成前に契約通りの履行ができないとわかった時点で自治体と調整すべきです。そもそも請負は仕事の完成を約束する契約類型だから、請負人は原則欠陥のない仕事をする義務を負っていると考えられますし。

後輩A でも、**受注業者のせいじゃないこともありえる**よ。自治体側の設計では想定していなかった地盤が出たとか。

後輩B たしかに。その場合、受注業者に対し請負人の損害賠償責任は追及できないので、たとえば契約変更で対応するとか、違う対応が必要でしょうね。

先輩 意見は出尽くしたかな。ポイントは、**確かに債務不履行の一般原則は民法415条で、基本的に債務者に故意または過失がある場合に責任が発生するけど、契約類型によって少しずつ変容する**ということだね。

後輩A どんな契約が成立しているかは、責任を追及する場面でも重要になってくるってことですね。

先輩 そう。それと、必ずしも相手、この場合受注業者のせいじゃない原因で履行が不完全になる場合もあるので、その対応も考えてほしかったんだ。

設問3　土地の所有権が及ぶ範囲は？

先輩 次の設問3は、土地の相隣関係・共有の問題。この4人で共有する土地を共有地と呼ぼうか。まず、この共有地の地上を、甲が自由に行き来したりして使えるのは間違いないよね。(115 p【設問3】)

後輩A はい。原則、**各共有者は共有地を自由に使えます。**

先輩 では、この共有地の地上と地下には、上下何メートルまで、甲の所有権は及ぶだろうか？

後輩A え？　わかんないけど、**無制限ではない**かな。あまりに高くて飛行機の邪魔になっちゃダメだし。

民法では 207 条「土地の所有権は、法令の制限内において、その土地の上下に及ぶ」以上に所有権の範囲を具体的に定めた規定はないけど、土地の境界線付近は掘削制限があります（237条）。他はたとえば、建物を作る際適用される「建築基準法」で、第一種、第二種低層住居専用地域での建築物の高さの上限を10 又は 12 メートルまでと定めています。また「景観法」でも、建築物に制限があって、所有権も無制限には認められません。

地下も、「大深度地下の公共的使用に関する特別措置法」（大深度法）があります。ただこの法律の適用は今のところ東京など一部の都市部だけで、多くの地域は基本的に地下は無制限です。

じゃあ、田舎で自分の家の敷地を掘って埋蔵金を見つけるのは自由なんだね。

常識の範囲内ですよ！　とにかくこの設問なら、基本的に共有地の地下に甲の所有権は及びます。

この問題は、地下に配水管を通すことが「共有物の変更」（民法 251 条）に当たるかどうか。変更に当たらなければ、甲は基本的に共有地を自由に使えますが、当たる場合は、他の共有者の同意を得なければならないからです。

地下に配水管を埋設しても、地表には何の変化もないから、「変更」に当たらないとも言えそう。

でも、工事のため今のアスファルト塗装を剥いで地面を掘ると、元々地下にない配水管を埋めるから、「変更」に当たるのでは。

民法 251 条 1 項「各共有者は、他の共有者の同意を得なければ、共有物に変更（その形状又は効用の著しい変更を伴わない

ものを除く。〔後略〕）を加えることができない。」の括弧書きが当たるなら、著しい変更がなければ全員の同意はいらないかも。

先輩 お、Aさんいいところをついたね。実はそこを含め、共有の規定は令和3年に法改正（令和3年法律44号）があったんだ。

後輩A どうりで！　私が公務員試験の勉強をしていた時、この括弧書きを見た記憶ないですもん！

先輩 誰か、令和3年改正前は、共有物の変更に関する規律がどうなっていたか、説明できるかな？

後輩B はい。共有物は、変更行為（処分行為）、管理行為、保存行為の3つに分けて説明されます。変更や処分行為の具体例は、物理的な変化が伴う場合や、売却や譲渡等の法律行為が挙げられます。管理行為は、改良や共有物を貸し借りが挙げられますが、具体的な行為が変更行為と管理行為のいずれにあたるかは、個別具体的な事情によるとされたので、私も大まかな分類しかできないです。

後輩C 共有物の賃貸借は管理行為と考えられますけど、長期の賃貸借は処分行為とも考えられますね。

先輩 そう。特に変更と管理の区分けは難しいから、今日は「民法上、変更行為、管理行為、保存行為のどれに当たるかで、共有者の全員の同意が必要か、持ち分の価格の過半数の同意で足りるか、各共有者が一人でできるか、が分かれる」ことを押さえよう。令和3年改正の話に戻るけど、改正前は「変更」なら共有者全員の同意がないとできなかった。すると軽微な変更でも全員の同意が必要なのは円滑な土地の活用を妨げるとの声があったんだ。なので、令和3年改正では、共有物の「形状の変更（外観、

構造等を変更すること）」や「効用の変更（機能や用途を変更すること）」のうち軽微なものは、全員の同意を得ずとも持ち分の過半数で決めていいとしたんだ。ちなみに、軽微な変更の例には砂利道をアスファルト舗装にするとか、建物の外壁や屋上の防水工事をするとかがある（「令和3年民法・不動産登記法改正、相続土地国庫帰属法のポイント」法務省民事局2021年 p31）。

後輩C なら設問も、著しい形状の変更を伴わないと言えれば、<u>軽微な変更行為として持ち分の過半数で決められる</u>のか。乙の同意が得られずとも、丙と丁の同意があれば、甲は目的達成できますね！

後輩A ねえ、仮に軽微じゃなく著しい変更な場合も、**251条2項**で乙以外の共有者の同意を得て共有物に変更を加えられるよう裁判所に求められるんじゃない？　これも令和3年改正の追加条文ですよね。

先輩 そう。**共有者が誰かわからないこともよくあるから、そのための救済規定も設けられた**んだ。他にも改正箇所があるので、令和3年改正前の民法で勉強していた人は、一度条文を見ておくといいよ。

後輩A 債権法の改正は知っていたけど、マイナーな分野も改正されてたんですね〜。

後輩B マイナーって言っているけど、意外と相隣関係の相談は受けるし、ちゃんと勉強しておきなよ。

設問4　誰かの犯罪行為があったらどうする？

後輩A 次の設問4（115p）は、どれどれ…こんなの犯罪じゃないですか！　だめですよ、だめ。

後輩B｜従業員乙が、市を騙す目的で実際にかかる給与以上を水増し請求していたなら、市への**詐欺罪（刑法246条1項）**が成立するのでは。その場合従業員乙は、故意または過失で自治体の権利を侵害するので、市から従業員乙に**不法行為（民法709条）に基づく損害賠償請求**になると思います。場合によっては、乙の使用者である甲社に対して、使用者責任（民法715条）を追及することも考えられます。

後輩C｜従業員乙は、法律上の原因なく他人の財産に利益を受け、そのため他人に損失を及ぼした場合に当たるので、**不当利得返還請求（民法703条）**でも返還請求できます。もちろん悪意の受益者なら利息を付けて返す必要もあるし、他にも損害があればその賠償請求もできます（民法704条）。

先輩｜お金を返してもらうこと以外には、何か考えられる対応ってあるかな？

後輩A｜従業員乙を、**詐欺罪で刑事告発！**　公務員には告発義務があるし（刑事訴訟法239条2項）。

後輩C｜ただこの設問では、あくまで「着服した疑い」だけ。実際、どの程度の疑いなら告発しないといけないのか、判断が難しそう。

後輩B｜一般には、犯罪の重大性、犯罪があると思料することの相当性、今後の行政運営に与える影響などの諸点を総合的かつ慎重に検討して判断するとされます。実際は上司や警察と相談しながら、告発するかなど慎重に進める必要があるでしょうね。

民法と契約の問題

【設問 1】　ある市で、市民の利便性向上とコスト削減のため、市民窓口が行う業務の一部を民間企業に外部委託した（この契約を「本件委託」、受託民間企業を「受託業者」と）。本件委託後、以下の点が問題視された。

①受託業者が取り扱う業務の中に、戸籍届出書受付・入力業務、戸籍届出書関連業務が含まれている。

②受託業者が窓口業務を始めて待ち時間が長くなった。

③受理決定を自治体の職員が行う前に、受託業者が受理決定の入力を行っている。

④本件委託は、本件委託契約書であらかじめ定めていない事項は、受託業者が自治体に「疑義照会」を行うとされている。

契約自由の原則

民法 521 条

→私人間では、契約をするしない、相手・内容・方式をどうするかなどは、原則として契約当事者の自由。

水道法 15 条 1 項・地方自治法 234 条 1 項〜 3 項

→私人間同士の契約自由の原則より、制限は多い。なぜ？

【設問2】　ある市が、道路の設置工事を民間企業に発注した。契約では、砕石を 50 センチの厚さで敷くようにしたが、工事完成後の検査で 40 センチしかないと発覚した。

契約責任一般

民法 415 条…債務不履行責任

→契約類型により、どんな責任を追及できるか、責任を追及するためにどんな要件が必要なのかが異なってくる。

【設問3】

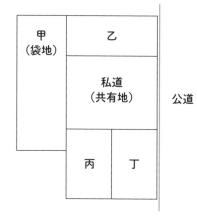

袋地の所有者甲から、甲、乙、丙、丁と4人で共有（持分はそれぞれ1/4ずつ）している土地の地下に、甲地から公道までをつなぐ配水管を通すため工事がしたいと相談があった。しかし乙地の所有者は、数年前から所在不明で同意を得られない。この場合、甲は共有地である私道の地下に配水管を通す工事ができるか。

土地の所有権が及ぶ範囲は？

民法207条

甲は、どうすれば配水管工事ができるだろうか

　変更（処分）行為・管理行為・保存行為

　→それぞれの行為でどの範囲の同意が必要か異なる。

【設問4】　ある市で、震災被災者の雇用支援事業を実施することになり、ゴルフ場にキャディを派遣する事業をしている甲社に、同事業の委託料として甲社から請求された通りキャディの人件費を支払った。しかし実際は、個々のキャディに支払われた給料の総額は市が払った委託料の半分で、残りの半分は甲社の従業員乙が着服した疑いがあることが発覚した。この場合、考えられる対応は何か。

著作権侵害か判断に悩むとき どうする？

著作権とは？

先輩
今日のテーマの「**知的財産権**」は、所有権のような「物」に対する財産権とは異なり、人間の知的活動で創られた創作物やアイディア、つまり「知的財産」について創作者に与えられる権利のことだね。知的財産権という名の権利はなく、「**特許権**」「**著作権**」「**商標権**」などの権利の総称だよ。

今日はこの知的財産権の中でも特に身近で、自治体法務でも問題に直面しやすい「著作権」を学ぼう。さて、著作権とはどんな権利かな。

後輩A
小説や絵などの作品を作者以外が無断使用したり、それで利益を得ないよう求めたりする権利です！

先輩
イメージはそんなところだね。辞書的に定義すると「著作者に認められる、著作物を独占的に利用して利益を得る財産的権利」だ。広い意味でいうと「著作物を通じて表現された著作者自身の人格を守るための人格的権利（著作者人格権）」を含む著作者に認められる権利を指し、著作権法にルールが定められている。では、「著作物」とはどんなものかな？

後輩B
はい。著作権法 2 条 1 項 1 号によると、著作物は「思想又は感情を創作的に表現したもの」であり、「文芸、学術、美術又は音楽の範囲に属するもの」とされています。

先輩

その通り。より具体的には、**著作権法10条1項**に例示されているよ。これらは「例示」なので、これらに当てはまらなくても、Bさんが答えた定義に該当すれば著作物。そして**著作権法2条1項2号**は、「著作者」を「著作物を創作する者」としている。著作権は所有権とは全く別の権利で、たとえば絵画などの美術品を購入した買主は、所有権を取得しても著作権は取得できない。あくまでその物を創作した著作者が著作権を持つ。

後輩B

「著作権者＝創作者」ということですか？

先輩

うん。ただし著作権は、著作者の人格的利益を保護するための著作者人格権を除き、譲渡や相続による移転が認められているから（著作権法61条1項、59条）、「著作者」と「著作権者」が異なる場合もあるよ。そのほか、①「法人その他の使用者〔中略〕の発意に基づきその法人等の業務に従事する者が職務上作成する著作物」で、②「その法人等が自己の著作の名義の下に公表するもの」については、③「契約、勤務規則その他に別段の定めがない限り」、著作物を創作した個人ではなく、その法人等が著作権者となる（著作権法15条1項）。これを「職務著作」という（※プログラムの著作物は②は不要（著作権法15条2項））。

後輩C

質問です。著作者が著作物を創作した後、著作権を取得する手続は必要ですか？

先輩

いい質問だね。著作権は、著作物が創作された事実により当然に発生するから、手続は必要ない。これを**「無方式主義」**といい、特許権など登録手続を行わなければ発生しない権利とは異なる。だから、ある物が著作物に該当するか否かは、先ほどの著作物の定義、**「思想又は感情を創作的に表現したもの」**に当て

はまるかで決まるよ。重要なのは、その物が「創作的に表現」されたといえるかだけど、この「創作性」の有無はどのように判断される？

後輩B

著作権は著作権者に著作物の独占的な利用を認めるものなので、たとえばピカソとかダリみたいに、他の人では創り出すことのできない個性があることが必要なのでは。

先輩

「創作性」という言葉だけみると、そういう考え方になるかもね。でも、裁判例上はBさんの言うような「独創性」は不要で、**思想又は感情の外部的表現に著作者の個性が現れていれば足りる**とされている（※東京高判昭和62年2月19日・判時1225号111頁、当落予想表事件控訴審判決）。一方、誰であっても同様の表現となるありふれた表現は創作性を欠くとの裁判例もある（※東京地判平成7年12月18日・判時1567号126頁、ラストメッセージin最終号事件判決）。著作物を独占的に利用できるのが著作権であって、ありふれた表現まで保護してしまうと、多くの表現活動が制限されてしまうからね。また、外部的に表現される以前の「思想又は感情」（アイディア）は著作物に当たらない（※大阪高判平成6年2月25日・判時1500号180頁。脳波数理論文事件控訴審判決）。

後輩A

うーん、創作性の有無を判断するのってすごく難しそうです。

先輩

そうだね。だから、近時の裁判例などでは、客観的に創作性が明白にない場合を除き、創作性を認める傾向にあるんだよ。

設問1　コスプレイベントはOK？

先輩　では、ここからは事例で学ぼう。まずは、【設問1】（125ｐ）に、著作権の観点から問題はあるかな？

後輩C　キャラクターのコスプレ衣装を作るのがキャラクターの著作者の著作権を侵害するのでは……？

先輩　その通り。実は、著作権は著作者に与えられる複数の人格的・財産的権利の総称であって、それ自体が具体的な権利ではないの。**著作権の内容である個々の具体的な権利を「支分権」といい、**著作権法21条から27条までに列挙されているよ（125ｐの図参照）。この設問では、著作者がもつ「**複製権**」（著作権法21条）の侵害に該当する可能性が高いよ。ここでいう「複製」は、「印刷、写真、複写、録音、録画その他の方法により有形的に再製すること」と定義され（著作権法2条1項15号）、キャラクターのコスプレ衣装の製作は、キャラクターを「有形的に再製すること」に当たり、複製権の侵害に当たる。

なお、複製物が公にされなくとも複製権の侵害には該当するから、製作時点で複製権侵害となり得るけど、個人的使用や私的使用が目的の場合は複製が許される（著作権法30条1項）。

では、コスプレを使用し撮影会やパフォーマンスをすることはどうかな？

後輩B　先ほどの支分権の列挙の中でいうと、「**上演権**」（著作権法22条）の侵害に当てはまりそうですね。

先輩　そうだね。上演とは、著作物を演じることで、演じるのが音楽なら「演奏」、音楽以外なら「上演」となる（著作権法2条1項16号）。これらの侵害に該当するには、公衆に直接見せまた

は聞かせることが目的である場合に限られる。設問1の撮影会は、公衆に直接見せまたは聞かせることが目的なので、上演権の侵害に当たる可能性が高いね。

後輩A そもそも、設問のご当地ヒーローって、いわゆる有名な戦隊ヒーローのまんまパクリのような……。

後輩B パクリというか、パロディってことでセーフなんじゃないですか？

先輩 いやいや、厳密にいうとパロディも著作権の中の翻案権（著作権法27条）の侵害になりうるよ。実際には著作権者が「お目こぼし」をしているので問題にならないことが多いってだけ。

後輩B （パクった本人が堂々と言うことだろうか……。）

後輩C 一般の方がコスプレして参加する大規模なイベントがありますよね。コスプレを自作した方は著作権侵害をしているんですか？

先輩 おっしゃる通り、既存のキャラクターのコスプレ衣装の製作や着用しての撮影会は、著作権者の許諾がない限り複製権や上演権の侵害となる可能性があるよ。

後輩C なら、そうしたイベントの参加者はみんな著作権者の許諾を得ているんでしょうか……？

先輩 それは考えにくいね。なぜあのようなイベントが問題にならないかだけど、これも著作権者の「お目こぼし」だよ。キャラクターのコスプレをする人がいること自体が作品の人気を表すし、宣伝効果もあるからね。ただ、**著作権侵害となりうること**

に違いはないし、営利目的など過度な利用をすればやはり著作権侵害を主張される場合があるので注意だね。では、次の【設問2】（125 p）はどう？

設問2　フリー素材のイラストはOK？

後輩B

「フリー素材」だから、著作者があらかじめ著作物の利用を許諾していると考えられますし、問題ないのでは。私もフリー素材を使用して資料を作りますし。

先輩

基本的にはそう考えていいね。
ところで、Bさん、フリー素材を使用する際に、**フリー素材を公開しているHPの「利用規約」を確認している**かな？　フリー素材といっても無制限にその利用が許されているとは限らないよ。たとえば、「個人的な利用に限る」「利用できる点数は何点まで」「著作者を明記することが条件」など、利用条件がある場合があるから、きちんと利用規約を確認してね。

後輩B

えーと……気をつけます……。

設問3　絵本の読み聞かせはOK？

先輩

では、次の【設問3】（125 p）はどうかな。

後輩A

読み聞かせは先ほどの**上演権の侵害**かな。あ、でもEさんが家庭で子どもに読み聞かせするのは、**読み聞かせが公じゃないから問題ないかな。**

先輩

その通り。絵本の読み聞かせが公衆に直接見せまたは聞かせる目的でされる場合は上演権の侵害だけど、家庭の中での私的上演に留まるなら上演権の侵害にはならない。またこの場合、「口述権」（著作権法24条）の侵害ともなり得る。これは、言語の著作物を口述する（読む）権利で、上演権と同じく口述が公にされたら口述権の侵害だよ。

後輩C

そうすると、「お話し会」は上演権、口述権の侵害と考えることになるのですね。

先輩

ところが、**実はそうとは限らない**。著作権法上、公表された著作物は、非営利、無料、無報酬の場合、公に上演・演奏・上映・口述できる（著作権法38条1項）。著作者の経済的な打撃が少ない場合に著作物が有効利用される機会を確保する趣旨だ。今回は「お話し会」が営利を目的とせず、参加料等のない限り、上演権、口述権の侵害とはならない。もっとも、絵本の話の内容を脚色したり、絵本を拡大して紙芝居したりすれば、著作者人格権のうち「同一性保持権」（著作権法20条）の侵害となる場合もあるよ。これは著作者の意に反する著作物の変更を防ぎ、著作物の著作者の人格的利益を保護する権利ね。この侵害で違法となる場合、損害賠償等の対象にもなり得るよ。

公務員も「歌ってみた」い！？

先輩

さて、著作権の問題が出てきた場合、①問題の物が「著作物」に当たるか、②具体的に著作者のどんな権利を侵害するか、を考える必要があるとわかったね。SNSの発達で個人による発信も容易な時代、仕事でもプライベートでも著作権侵害をしてし

まう危険はあるから、普段の生活の中でも十分注意しようね。では、今日はこの辺りで。

～法務 de ランチ終了後、片付け中～

後輩A あの、相談です。「歌ってみた」動画を匿名顔出し無しで「YouTube」に投稿予定なのですが、楽曲の演奏権侵害だからやめたほうがいいですか？

先輩 へ〜……え〜と、演奏権侵害の可能性はあるけど、音楽関連の著作権は一般社団法人日本音楽著作権協会（JASRAC）などの著作権管理団体の管理が大半で、その音楽管理団体が SNS の運営会社との間で使用に関する契約（たとえばその団体が管理する楽曲を許諾なく使用してもよいなど）を結んでいる場合もあるよ。楽曲の著作権管理団体と利用条件をきちんと確認して、問題なければ著作権者の許諾を取らなくても投稿できるかもね。ゲームのプレイ動画なども、メーカーが動画投稿のルールを定めている場合があるから、必ず確認してね。ただし、楽曲を過度にアレンジすると、翻案権や同一性保持権などの侵害になる可能性があるので注意して。

後輩A 実は、「音程がひとつも合わない」が売りの「歌下手ユーチューバー」としてバズらせたいんですが、翻案権と同一性保持権の侵害になりますかね。

先輩 ……あとでこっそり動画見せてもらっていい？笑

知的財産権（著作権）の基礎知識

1 『知的財産権』『著作権』とは

知的財産権…不動産や動産などの有体物への権利とは異なり、人間の知的創作活動の所産である創作物（「発明」、「アイディア」など）に認められる権利（無体財産権）。「特許権」「実用新案権」「意匠権」「著作権」「商標権」等。

著作権…著作者の財産的利益を守るために認められる、著作物を独占的に利用し利益を得る財産的権利。広義の著作権は、著作物を通じ表現された著作者自身の人格を守るための人格的権利（著作者人格権）を含む。

著作物…思想又は感情を創作的に表現したもので、文芸、学術、美術又は音楽の範囲に属するもの（著作権法2条1項1号）。以下はその例（著作権法10条1項）。

①小説、脚本、論文、講演その他の言語の著作物②音楽の著作物③舞踊又は無言劇の著作物④絵画、版画、彫刻その他の美術の著作物⑤建築の著作物⑥地図又は学術的な性質を有する図面、図表、模型その他の図形の著作物⑦映画の著作物⑧写真の著作物⑨プログラムの著作物

著作権の帰属

　著作権は、著作物を創作した『著作者』（著作権法2条1項2号）に帰属する。著作者人格権を除き、譲渡や相続によって移転可（著作権法61条1項、59条）。❶法人その他使用者の発意に基づき法人等の業務に従事する者が職務上作成する著作物で❷その法人等が自己の著作の名義の下に公表するものは❸契約や勤務規則その他に定めがない限り法人等が著作権者となる（職務著作、著作権法15条1項）。※⑨は❷は不要（著作権法15条2項）

著作物への該当性

　著作権は、著作者が著作物を創作した事実のみにより当然に発生する（「無方式主義」）。著作物に当たるかは「思想又は感情を創作的に表現したもの」といえるか（創作性の有無）により判断される。創作性は思想又は感情の外部的表現に著作者の個性が必要で、独創性は不要だが、ありふれた表現のものや外部的に表現される以前の思想（アイディア）は著作物に当たらない。

著作権の内容

　著作権は、著作者の複数の財産的権利、人格的権利の総称。著作者に認められる個々の具体的な権利は「支分権」。

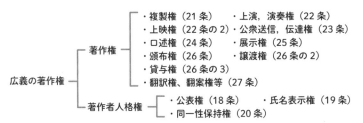

【設問1】町興しイベントとして、地域振興課の職員は、K市の民間企業が売り出し中のご当地ヒーロー「自治体戦隊ギョウセイジャー」のコスプレ撮影会イベントを企画した。

【設問2】広報課の職員は、ネット上のフリー素材のページからイラストをダウンロードして区の広報誌に掲載した。

【設問3】3歳児の母である図書館職員Eは、国民的人気キャラクターの絵本を子どもに読み聞かせている。またEは、子どもたちを集めてその絵本を読み聞かせる「お話し会」の図書館開催を企画した。

万が一の自然災害の際、自治体職員はどうする？

災害対応も実は法務が必要？

先輩 みんな本当に久しぶり。2ヶ月前の台風でX川が氾濫して市役所総出の対応だったからね。私も、り災証明書発行窓口の支援をしたけど、みんなは？

後輩A 僕は、がれきや土砂の処理を担当してました。

後輩B 勤務する公民館が避難所になったので、先日まで避難所運営を任されてました。

後輩C 私は、応急仮設住宅の建設について、県の担当者と打ち合わせしてました。

先輩 お疲れさま。今日は、災害関連法を学ぼうか。みんな、災害関連の仕事は初めてだったよね。経験してどうだった？

後輩B 一応、公民館が避難所になったときのマニュアルはあったんですが、マニュアル通りにいかず、**現場判断が多くて大変**でした。

後輩A がれきや土砂の処理を、**どの部署が担当しどの制度を利用して行うかといった調整が大変**でした。

後輩C **住民それぞれ被災の種類や程度、希望**もあり、応急修理でそのまま住み続けるか、応急仮設住宅に入居するか、借上げ仮設住宅に入居するか、実態調査や意向調査をしなければ建設見込み数や建設予定地が決まらず、時間がない中で大変でした。

先輩
みんな大変だったね。災害時の自治体業務は、通常と全く違って戸惑うことも多いし、災害ごとに種類や程度が違うから、事前のマニュアル通りにはいかないよね。ただそれだけに、現場で迅速に適切な判断ができれば、被災した住民の助けになると実感でき、やりがいもあると思う。

後輩A
災害時はがれきも土砂も混ざった状態で出るのに、環境省の災害廃棄物処理事業はがれきのみ対象で、国土交通省の堆積土砂排除事業は土砂のみ対象で、対応が大変でした。

先輩
2018年の西日本豪雨の際は堆積土砂排除事業でも「土砂混じりがれき」を処理したり、調整して窓口を一本化したり、柔軟な対応になってきているけど、災害対応では基礎自治体が特に「しんどい」のは確かだね。原因の1つ目は、**災害時に市町村が担当する事務が多くて、たくさんの部署が関わるので調整が必要**なことだね。

後輩C
避難場所・避難所の指定や運営、被災者の救出と被災者台帳の作成、飲食物や生活物資の提供、上下水道などのインフラ復旧、り災証明書の発行、災害廃棄物の処理など、きりがないですよね。

先輩
2つ目は、**国・都道府県・市町村の間の権限分配が複雑**なこと。たとえば、大規模災害時に避難所の設置のためなどでよく適用される災害救助法は、国の役割は基準の設定と費用負担が中心で、救助の本来的な実施主体は都道府県知事としている。ただ、実際の救助の実務の大半は市町村が担っているのが実情だよね。それなのに、災害救助法の適用の判断は都道府県知事で市町村長に権限がないなど、権限分配が複雑でわかりにくい。

後輩A
今回、たくさんの法令が問題になるのでびっくりしました。

先輩

そうだね。3つ目は、参照すべき法令が多数で複雑なこと。この資料を見て（132-133p、図1）。内閣府の資料を基にまとめたものだよ。地震、水害、火山など災害の種類ごとに、また予防・応急・復旧などの段階ごとにさまざまな法律がある。国でこれら法律を所管する官庁も、たとえば災害対策基本法や災害救助法などは内閣府、砂防法や地すべり予防法などは国土交通省、森林法は農林水産省などさまざま。しかも、災害対策法令は大規模な災害が起きるたび不十分な点が指摘され改正されるので、自治体側も最新の法令にあわせて対応をアップデートしていかなきゃね。

災害対応のしんどさを減らすには？

後輩A

法務の必要性はわかったけど、災害時のドタバタを減らすためにはどうしたらいいんですか……？

先輩

まずは混乱しないように事前に法令をよく知っておくこと。どんな災害のどんな段階でも、事務遂行や予算執行の根拠は法令だから原則と例外を押さえておくといいね。特に大規模な災害時は、災害発生後すぐ国が通知を出し柔軟な対応方法を提示することがあるので、きちんと目配りする必要があるよ。
たとえば、被災した住民に赤十字社などを通じ義援金が配分されるけど、生活保護を受ける人が義援金を受け取ると義援金を生活保護上の収入とされて生活保護費が減額され、被災者の生活再建を難しくすることがあるよ。東日本大震災と原発事故の際に、厚生労働省が義援金は生活保護上の収入と扱わなくてよいと通知を出していたけど、一部の自治体で義援金全額を収入として扱い、生活保護を廃止したり停止したりして混乱したこともあるしね。

後輩B 自治体同士の広域連携も考えられますね。被害がひとつの自治体だけに留まらないとき、消防や廃棄物の処理などで連携がスムーズなら救助や復旧がより早くなりますから。また、他の自治体からの応援職員の受け入れがしやすいよう、災害対応業務を標準化できれば、しんどさを軽減できると思います。

先輩 災害時は、夜間対応など超過勤務も増えて、職員の健康管理も課題になる。り災証明書発行事務などを標準化すると、応援職員が即戦力になって効果的だね。

後輩C さまざまな民間団体や業界団体と災害時の連携協定を結ぶのも必要ですよね。支援物資の供給、医療の提供、施設利用、専門知識の提供や民間ボランティアの運営など、民間団体に協力してもらえることはたくさんあります。特に新型コロナウィルス感染症などでは、避難所や避難場所での感染症拡大が懸念されつつも行政が用意した避難所等だけでは十分に感染症対策がとれない。そんな時、旅館やホテルなどを避難所等として提供されれば、感染症対策だけでなく避難所でのQOL（クオリティ・オブ・ライフ）の向上にも繋がります。

後輩A でもそれって全部、災害発生前の備えですよね。

先輩 そう。「備えあれば憂いなし」だからね。

後輩A でも、災害時って、事前に想定していなかったことがいっぱい出てくるじゃないですか。

先輩 たしかに。どれだけ準備しても、災害時は「想定外」がしばしば起きるけど、すべてが「想定外」になるよりはいい。あとは、経験を記録し、次世代に継承すれば想定外はどんどん減っていくよね。

災害ケースマネジメントとは？

先輩

ところで、この機会にぜひ知っておきたいのが、「**災害ケースマネジメント**」。災害で被災者が受ける被害は、単に住む家がなくなった、破損した、にとどまらない。生計を立てる手段が失われたり、避難生活で健康を害したり、近所のコミュニティが失われたり、さまざま。しかも一人の被災者が複数の被害を同時に受けることもあるね。こうした個別事情やニーズに応じた支援を、行政や地域が複合的に提供し、**きめ細かな支援と早期の生活再建を目指そうというのが「災害ケースマネジメント」**だよ。

後輩C

支援制度の多くは、被災者自身からの申請が必要ですが、自治体は制度の存在を知らせて、あとは申請を待つというだけでは不十分だと思っていました。でも、災害ケースマネジメントを実現するには多くの部署の協力が必要ですね。

先輩

その通り。だから「道路復旧なら○○部」「がれき撤去は○○部」と担当部局任せにせず、互いの担当制度や支援をよく勉強することが必要だね。

災害対応としんどさの解消法

1 災害対応はなぜしんどいのか？

① **市町村の担当する事務が多く、多数の部署が関わる** …避難場所・避難所の運営、被災者の救出・救助と被災者台帳の作成、飲食物や生活物資の提供、インフラ復旧、罹災証明書の発行、災害廃棄物の処理…etc.。

② **国・都道府県・市町村の間の権限分配が複雑**…たとえば、災害救助法上の救助実施主体は都道府県知事。実際の救助事務はほぼ市町村。他方、災害救助法の適用の権限は知事。

③ **参照すべき法令が多数で複雑**…災害の種類や段階ごとにさまざまな法律。所管省庁もさまざま。（132-133p、図1）

2 しんどさを減らすためには？

① **災害関係の法令をよく知る** …最新の通知類もチェック。災害の状況にあわせて通知類もアップデートされるので、きちんと知り、現場の状況にあわせて使いこなす。

② **自治体相互の連携協力で大規模災害に対応** …消防や廃棄物の処理など連携必要。職員派遣や受け入れを広域連携。

③ **民間団体や業界団体の力を** …支援物資の供給、医療の提供、専門知識の提供や民間ボランティアの運営など。

④ **「備えあれば憂いなし」**…①〜③は事前の備えが不可欠。

3 「災害ケースマネジメント」のすすめ

　　一人の被災者の災害による被害はさまざまで、しばしば複合する。一人ひとりの事情やニーズに応じた支援を、行政や地域が提供し、きめ細かな支援と早期の生活再建を目指す。

図1 災害対策法制（災害・段階別）

	類型	予防	発生時 (応急)	復旧・復興
災害	共通	災害対策基本法 災害救助法		
		大規模地震対策特別措置法 津波対策推進法		
	地震津波	地震防災対策強化地域における地震対策緊急整備事業に係る国の財政上の特別措置に関する法律 地震防災対策特措法 南海トラフ地震に係る地震防災対策の推進に関する特措法 密集市街地における防災街区の整備の促進に関する法律 建築物耐震改修促進法 日本海溝・千島海溝周辺海溝型地震に係る地震防災対策の推進に関する特措法 津波防災地域づくり法 首都直下地震対策特措法	消防法 警察法 自衛隊法 水防法	【復興事業財政】 激甚災害法 【被災者の生活生業復興支援】 被災者生活再建支援法 災害弔慰金支給法 中小企業信用保険法 天災融資法 株式会社日本政策金融公庫法 【災害廃棄物処理】 廃棄物処理法 【災害復旧事業】 農林水産業施設災害復旧事業費国庫補助の暫定措置に関する法律 公共土木施設災害復旧事業費国庫負担法 公立学校施設災害復旧費国庫負担法 被災市街地復興特措法 被災区分所有建物の再建等に関する特措法
	火山	活動火山対策特措法		
	風水害	河川法		
	土砂災害	砂防法 森林法 地すべり等防止法 急傾斜地の崩壊による災害の防止に関する法律 土砂災害警戒地域等における土砂災害防止対策の推進に関する法律		
	豪雪	豪雪地帯対策特措法 積雪寒冷特別地域における道路交通の確保に関する特措法		

	類型	予防	発生時 （応急）	復旧・復興
災害	原子力	原子力災害対策特措法		【保険共済】 地震保険法 林業災害補償法 森林保険法 【租税】 災害被害者に対する租税の減免、徴収猶予等に関する法律 【その他】 特定非常災害特措法 防災のための集団移転促進事業に係る国の財政上の特別措置等に関する法律 大規模な災害の被災地における借地借家に関する特措法 大規模災害からの復興に関する法律
感染症		感染症法* 新型インフルエンザ等対策特措法* （＊ともに救助としては患者等の治療費公費負担くらい）		
		予防接種法 検疫法 地域保健法 学校保健安全法		

※　内閣府HP（平成27年版 防災白書　附属資料29）等に基づき，著者作成

3-10　その他

行政は「政治的中立」?
公務員はどうする?

そもそも行政は「政治的中立」?

後輩C　以前ヘイトスピーチと市民会館施設使用の問題をやりましたよね（70-77p）。その後、公共施設での集会などを「特定の主義主張に基づくため行政の政治的中立性を保てない」と断ったり、名義後援をやめたりするのが全国で増えてるニュースを見聞きし、疑問だったんです。

後輩B　私は市民会館で仕事をしてるけど、少なくとも私たちK市は、そういう事案は聞いたことがないですよ。

先輩　それはそれとしてCさんの疑問はもっともだから、みんなで考えてみようか。「行政の政治的中立性」の法的根拠はわかる?

後輩A　はい!　<u>地方公務員法30条</u>は「すべて職員は、全体の奉仕者として公共の利益のために勤務し」と定め、<u>同法36条</u>で、地方公務員が政党や政治的団体の役員となること、特定の政党などを支持した選挙活動などの政治的行為をすることを禁止しています。法律上はこれが根拠ですよね。

後輩C　あれ?　それって「公務員の政治的中立性」ですよ。**「行政の政治的中立性」とは違う**んじゃない?

先輩　お、Cさん、鋭いね。国家公務員の政治的行為の制限が問題となった猿払事件最高裁判決（最判昭和49年11月6日）が、

国家公務員の政治的活動の原則禁止を定めた国家公務員法102条1項の趣旨を「公務員の政治的中立性を維持することにより行政の中立的運営とこれに対する国民の信頼を確保しようとする」としたから「行政は政治的中立を確保しなければ」論が出てきたと思うわ。でも猿払事件最高裁判決は、憲法学の立場から「公務員の政治的行為に対する過度の制限を容認するもので、憲法21条に違反する」と批判もある。「行政の政治的中立性」と「公務員の政治的中立性」は、次元が違う問題だと思う。そこで、考えてみてほしいのが、そもそも自治体行政って政治的に中立なのかな？

後輩A

うーん、なんとなく、住民への公共サービスだから、公平でなければならないと思うんです。でも、<u>「公平」</u>と<u>「政治的中立」</u>も、<u>ちょっと違う</u>のかも。

先輩

そうだね。議会や首長の意思決定を執行するのが行政の役割と考えると、政治的に中立か、また中立的なことがそもそも可能なのか……という疑問が生まれるでしょ？

後輩B

ですね。首長も議員も公約を掲げて選ばれるから、首長や議会がした意思決定は政治的です。たとえば「公立こども園の増設」の公約で選ばれた首長が、増設のため予算を議会に上程したら、財源不足が理由で否決。市民の意見も二分され板挟みの職員が右往左往なんてまさに政治的……。

先輩

そうだね。しかも意見対立があろうがなかろうが、ひとつの施策の意思決定から施策の実行までのプロセス全体が「政治」だね。たとえば、現場で働く職員が「こうすれば住民が便利だ」と提案する。実現するには、内規や要綱だけでなく条例制定の必要もあるかもしれない。いずれにせよ提案の中身を説明し、

関係部局や首長、議会などを説得し合意形成しなくちゃね。その過程で反対論や懸念が生じ妥協や修正もあり得るし、合意形成に至らず実現できないこともある。一連のプロセスが政治なんだから、私たち公務員の仕事は、ある意味すべて政治的といえるよ。

公務員の政治的中立性とは？

後輩A

それならどうして、<u>地方公務員の政治的活動に制限がされている</u>んですか？

先輩

逆説的だけど、今見たように**行政自体がそもそも政治的な色彩を帯びるからこそ、職務遂行には政治的中立が求められる**、ってことかな。憲法 15 条 2 項は「すべて公務員は全体の奉仕者であつて、一部の奉仕者ではない」と定めている。たとえば公務員が、自分と支持政党が同じ人には手心を加える。あるいは担当職務の関係で取引のある業者に有利になるよう計らうと匂わせ、選挙時に支持を呼びかける。そんなことしたら、民主的な政治プロセス自体をゆがめてしまうよね。公務員の政治的行為を制限する法令の規定は、思想信条や政治的見解によって職務の公平・公正性を害する行為や公務員との地位を不当に利用した政治的行為の防止が目的と考えられるよ。

後輩A

そうすると、「住民への公共サービスは公平でなければならない」とも両立しますね。

先輩

そうだね。ただ、何をもって「公平」と言うかはいろいろ問題があるから、また別の機会に考えてね。

後輩A

ここまでをまとめると、①「行政の政治的中立性」と「公務員の政治的中立性」は違う。②行政はそもそも政治的に中立とはいえない。③公務員に政治的中立性が求められるのは、職務の政治的公平性を確保したり公務員の地位の不正利用を防止するため。……ってこと？　なんとなく頭の中が整理されてきたけど、公共施設の利用や名義後援を断る理由としてなぜ「行政の政治的中立性」があげられるか逆にわからなくなったかも。

行政の政治的中立性とは？

先輩

個人的な推測だけど、自治体の「事なかれ主義」や、住民からのクレームを過度におそれる風潮が背景にある気がするね。公共施設の利用とは違うけど、実際訴訟で「行政の中立性」が問題になった通称「九条俳句不掲載訴訟」で考えてみましょう。

後輩B

新聞で見たことがあります。市民会館開催の句会で秀句に選ばれた句が市民会館だよりに掲載される慣例なのに、市民会館が掲載しなかったことが問題になった訴訟でしたっけ。気になっていました。

先輩

「梅雨空に『九条守れ』の女性デモ」という句なんだけど、これが句会参加者の互選で秀句に選ばれ、句会が市民会館職員に提出したんだ。すると市民会館は「この俳句は世論を二分するテーマに関するので、市民会館の政治的公平性・中立性を害するおそれがある」として市民会館だよりへの掲載を拒否し、この句の作者が、市民会館だよりへの句の掲載の要求や、掲載拒否による精神的苦痛の賠償を求めて市を訴えた裁判。前提として、公民館は、社会教育法に基づき「教育、学術及び文化に関する各種の事業を行い」「生活文化の振興」などへの寄与が目

的で市町村等が設置する施設っていうことはいいよね（社会教育法20条）。事業としては講座のほか、住民が自主的に行う集会に供することもある。そして、同法23条1項2号は、公民館が「特定の政党の利害に関する事業を行い、又は公私の選挙に関し、特定の候補者を支持すること」を禁じている。一般には「公民館の政治的中立」というのだけど、では、この事例での市民会館の取り扱いはどう評価できるかな。

後輩C 確かに憲法9条の改正の是非は世論調査も毎回意見が割れますよね。市民会館だよりは市民会館が自分で発行しているし、そうしたテーマの句を掲載したら市民会館が賛同したと受け取る人も出てきそうですね。

後輩A でも、公民館を利用した住民の文化活動の成果紹介って趣旨でしょ。「○○句会秀句」として、作者の俳号入りで載せるなら、公民館の政治的態度の表明と受け取るのは無理がある気がするなあ。先ほど先輩が指摘した社会教育法の規定そのものにも、別に違反していませんよね。

後輩B この訴訟の結果は、第一審・控訴審とも原告の句を市民会館だよりに掲載する点は請求を棄却したものの、市民会館の不公正な取り扱いで原告の人格権が違法に侵害されたとして慰謝料請求を一部認容する判決がされました。原告も被告も最高裁に上告しましたが、結局、控訴審判決が確定したんですよね。（さいたま地判平成29年10月13日、東京高判平成30年5月18日、最高決平成30年12月20日）

先輩 そう。この訴訟の争点は多く、学者による判例評釈もさまざまだけど、「**政治的テーマだから扱わない**」**とすること自体がひとつの政治的態度の表明になり得る**ということが肝だと思う。

この句の作者は、おそらく「憲法9条は守るべき」との意見に共感して詠んだのだろうね。でも、これをあえて市民会館だよりに載せないのは、市民会館が「憲法9条を変えるべき」との意見と勘ぐられるおそれだってある。市民会館は「9条を守れとの句が秀句として提出されれば載せる、逆に9条を変えろとの句が選ばれればそれも載せる」との姿勢でいればいいし、クレームがくれば、「住民の自主的文化活動の成果をそのまま掲載しているだけです」と言えばいいんだよ。別に、公共施設で国政上のテーマや政治的な立場で意見が分かれるテーマを取り扱っても構わない。ただ、取り扱うなら、いろんな意見があることに配慮し、公平に取り扱う必要があるのよ。その意味で、「行政の政治的中立性」という言葉より、「行政の政治的公平性」のほうがしっくりくるかもしれないね。

後輩C うーん、難しい。公共施設の主催事業、住民企画の催しの施設利用許可、名義後援など、場面で考慮すべき事柄が変わってきそうですね。

先輩 今のCさんの指摘は重要だね。みんな、それぞれ、発展問題として考えてきてみてね。

行政の政治的中立性

1 行政の中立・公平をどう考えるか

　自治体が、「行政の政治的中立性」を理由に、公共施設の利用を不許可としたり名義後援を取りやめたりすることがあるが、これについてどう考えるか?

2 「行政の政治的中立性」の法的根拠

地方公務員法30条　「すべて職員は、全体の奉仕者として公共の利益のために勤務し、且つ、職務の遂行に当つては、全力を挙げてこれに専念しなければならない。」

地方公務員法36条1項　「職員は、政党その他の政治的団体の結成に関与し、若しくはこれらの団体の役員となつてはならず、又はこれらの団体の構成員となるように、若しくはならないように勧誘運動をしてはならない。」

3 「公務員の政治的中立性」=「行政の政治的中立性」?

そもそも、行政は政治そのものでは?
とすると、「行政の政治的中立性」は成り立たないのでは?

　公務員の政治的中立性を定めた地方公務員法の趣旨は、公務員の職務執行の政治的公平性を確保し、公務員としての地位を利用した不当な政治活動を防止すること。だとすれば、そこから「行政の政治的中立性」は出てこないはず。
⇒「公務員の政治的中立性」は「行政の政治的中立性」の
　根拠とはならない。

　公務員の政治的中立性とは、公務員自身の思想信条などによって、当該公務員の担う職務の公平・公正が害される

ことや、公務員の地位を不当に利用した政治的活動を防止するためのものであり、それ以上のものではない。

4 行政の政治的中立性とは──九条俳句不掲載訴訟を題材に考えてみよう

【事案】

　Y市のA市民会館では、同市民会館の利用登録団体である「B句会」の例会で秀句に選出された俳句を、同句会の名と作者名を明示して、毎月の市民会館だよりに3年以上にわたり継続して掲載していた）。B句会の参加者であるXが例会で詠んだ「梅雨空に『九条守れ』の女性デモ」との句が会員の互選で秀句に選出され、同句会は、市民会館だよりへ掲載するため、この句を市民会館職員に提出した。ところが、市民会館は、「この句は世論を二分するようなテーマに関するものであり、公平中立の立場であるべき市民会館の考えであるとの誤解を招く」との理由で、この句を市民会館だよりに掲載しなかった。

　Xは、Y市を被告として、①同句を市民会館だよりに掲載することを求める（行政訴訟としての義務付け訴訟）とともに、②不掲載により精神的苦痛を被ったとして慰謝料の賠償を求めて（民事訴訟としての国家賠償）提訴。

【設問1】あなたは、A市民会館が句を不掲載にした取扱いは妥当（適法）だと考えますか？　その意見の根拠は？

【設問2】あなたがこの裁判で裁判官だったら、Xの掲載請求や慰謝料請求を認めますか？　その根拠は？

おわりに

　編集者の松倉めぐみさんから執筆のお話があってすぐに思い出したのは、私の公務員人生が、さまざまな場面で「法知識」が役に立ち、リーガルセンスに助けられてきたことでした。

　しかし、「子育て支援」という単語すらなかった今から四半世紀ほど前に出産した私にとっては、法務を学びたいと思っても専門的に学べる研修は宿泊研修ばかりで申し込みにくく、結局空き時間を利用して自学に励んでいました。その後、2014年に、思いがけず法務担当部門で法務研修を担当することになった際に、友人やかつての同僚から、法務研修に参加したくても手を挙げにくい、窓口職場なので周囲の迷惑になるから参加できないといった声を聞き、学びたいのにその環境がないと感じる人が以前と変わらず多いと知りました。そこで、誰でも平等に自由な時間を確保できるお昼休みに学べる場をつくったのが、「法務 de ランチ」です。弁護士の協力のお陰で内容も濃く、深い学びがあり、参加職員のリーガルセンスはかなり高くなりました。そんな「学びの機会」を、本書を通して皆さんにお届けできることがとても嬉しく、有難く思っています。本書の完成にお力添えくださったすべての皆さん、そして本書を手にしてくれた皆さんに心から感謝申し上げます。

　ぜひ、本書で学んだ後は、友人や同僚とおにぎり片手に気軽に「法務 de ランチ」を開催してみてください。少人数でも視点が多角化することで学びの幅がぐんと広がりますし、学んだことを誰かに伝えることで、理解が深まります。そして、何よりとっても楽しいはずです。法務を学ぶって、結構面白いと思いませんか？　そのうえ、仕事だけでなく人生にも役立つのですから、やらなきゃもったいないですよ！

　　　　　　　　　　　　　　　　　　　　　　　　阿部のり子

執筆者紹介（50音順）

阿部のり子（あべ　のりこ）　地方公務員、ダイバーシティこおりやま代表

　新潟大学法学部卒。1995年に郡山市に入庁し、国立病院再編成に伴う市立病院開設を担当後、監査委員事務局、財務部契約課、総務部総務法務課、男女共同参画課などを経て、税務部収納課で債権回収一元化を担当。2017年から5年連続で郡山市職員フロンティア賞受賞。2018年、「法務 de ランチ」の活動で、早稲田大学マニフェスト大賞第13回優秀コミュニケーション戦略賞を受賞。著書に公職研『みんなで始めよう！公務員の「脱ハラスメント」～加害者にも被害者にもならない、させない職場を目指して』（2022年3月）。

西沢　桂子（にしざわ　けいこ）　弁護士

　2014年弁護士登録、福島県弁護士会所属。同会の両性の平等に関する委員会委員長や、福島県男女共同参画審議会審議委員などを務める。

　2016年から2018年まで郡山市の有志職員らによる「法務 de ランチ」に講師として参加。現在は、福島市で弁護士業務を行う。阿部のり子著『みんなで始めよう！公務員の「脱ハラスメント」～加害者にも被害者にもならない、させない職場を目指して』に執筆協力。

長谷川　啓（はせがわ　ひらく）　弁護士

　2015年弁護士登録、福島県弁護士会所属。同会の人権擁護委員会副委員長などを務める。

　弁護士登録後、郡山市で弁護士業務を行なっており、2019年より「法務 de ランチ」に講師として参加。

渡邊　純（わたなべ　じゅん）　弁護士

　2005年弁護士登録、福島県弁護士会所属。同会副会長、同会貧困と人権に関する委員会委員長、同会原子力発電所事故対策及び災害復興支援委員会委員長、反貧困ネットワークふくしま代表等を歴任。

　2016年より「法務 de ランチ」の講師を依頼され、若手弁護士を巻き添えにして現在に至る。現在、あぶくま法律事務所（福島市）にて執務。

今さら聞けない！
自治体係長の法知識

2023年4月12日　初版発行

著　　　者　　阿部　のり子

ブックデザイン　　スタジオダンク
発 行 者　　佐久間重嘉
発 行 所　　株式会社 学陽書房
　　　　　　　東京都千代田区飯田橋1-9-3　〒102-0072
　　　　　　　営業部　TEL03-3261-1111　FAX03-5211-3300
　　　　　　　編集部　TEL03-3261-1112　FAX03-5211-3301
　　　　　　　http://www.gakuyo.co.jp/
DTP制作・印刷　　加藤文明社
製　　　本　　東京美術紙工